低內耗的人，更輕盈

梁爽 著

我要高薪，更要高興——
低內耗的職業生涯規劃

人生設計心理諮商所共同創辦人／諮商心理師
盧美妏

「你認為，苦是什麼？」有一次，我在演講時問臺下的聽眾。

「沒錢！」一位大叔立刻大聲說。

是呀，沒錢很苦，我百分之百認同。但若有錢了還苦呢？

在我做職業生涯諮詢這些年，遇到很多因為沒錢而苦的人，也遇到很多非常有錢但依然受苦的人。

你能想像嗎？當你賺了很多很多錢，卻不快樂？

我想起 H。

「我要如何才能擺脫痛苦？」某天半夜，我收到他傳來的訊息。

可想而知他剛剛經歷了怎樣的一天：五點半起床看新聞收信，每天例行大概八個會議，工作十四小時、運動一小時，加上偶爾的午宴晚宴。半夜 12 點躺在床上，痛苦襲來。

H 身價高達九位數，單位是美金，在世界各地房價最昂貴的城市置產，擁有非常有價值的公司品牌，人脈直達宇宙。年過半百的他外型極佳、身體健康，到處都有女人被他吸引；而他的另一半才華洋溢，孩子剛申請上美國最頂尖的學府，也是 H 的母校。

可以說是擁有人人稱羨的外在條件，但他依然無比痛苦。

人們常以為：只要再得到多一點，就能擺脫痛苦。

如果能再有錢一點、如果能買一套房、如果能再好看一點……我從這些人間鉅子身上看到，問題從來不是出在這。

梁爽在本書中引用了一本我常推薦的書——《金錢心理學》，作者長期研究金錢與幸福的關係，提出兩者的相關性約為 0.25。在 0.25 之前，金錢和幸福是正比關係；在 0.25 之後，金錢和幸福就沒有太大的關係。

這是金錢的邊際效應遞減。意思是，當你有錢到某個程度，錢就無法讓你感到幸福。

成功的職業生涯規劃，看似是找到好工作、升職加薪，或是跳槽、創業，得到良好的經濟報酬。但錢的意義是人賦予的，你要拿錢去做什麼呢？

金錢不是動機，而是結果。

工作賺錢的動機，是你想過什麼樣的生活？你想成為什麼樣子？於是你拿錢去換你想要的東西，不是為了金錢本身。如果你因為害怕沒錢逼著自己賺錢，向前的驅力是負向的。為了逃避、因為害怕而不停追逐，那麼永遠無法滿足。

心理治療、職業生涯規劃的目標是一樣的，都是在幫人「適應」。

如何在不同時間、不同空間，都能找到自己的位置，內在與外在平衡，過自己想過的生活，即為「適應」。

適應，絕對不是賺大錢、買豪宅，而是基於每個人不同的意願與選擇，有不同的途徑達成。

梁爽的這本書，不是在教人升職加薪、發大財，也不是在談放鬆減壓、舒服躺平。他談的正是「適應」，情緒、家庭、生活、溝通……從各個層面為自己設定合理清晰的邊界，框定「適應」的最佳範圍，用最舒適的姿態發展職涯。

在追求高薪的路上，千萬別忘了高興。

從高敏感到低內耗，
我經歷了什麼，收穫了什麼

特別高興繼《當你又忙又美，何懼患得患失》、《當你自律自控，才能又美又爽》之後，我的第三本書《低內耗的人，更輕盈》再次有幸地被引進到臺灣。我的書比我本人更早到臺灣和各位見面，讓我感到既幸福又遺憾，多希望我也能早日到臺灣，見讀者、吃美食、看美景。

哪怕翻開這本書的你對我一無所知，但從我過去出版的書名來看，你也能大概推測出我是一個致力於情緒管理、精力管理的自律者，減少在人際或情感中猜忌拉扯的時間，投入在那些讓自己形象上更好看一點，工作上更強大一點，心情上更愉悅一點的事上。

之前有個短影片推薦我的書，說我是個狠人。堅持早起十五年，在工作之外活出一個寫作的自己；堅持每週看兩本書，喜歡用不同的軟體和方式做讀書筆記；堅持在不同階段展開適合當下的鍛鍊，三十三歲生孩子也沒想像中那麼艱難；堅持向自己身上不夠好的地方宣戰，覺得體態不夠好，就報名形體課去糾正，覺得普通話不夠好，就每天練習朗讀，覺得掉髮有點多，就研究頭髮濃密的技巧……

大部分不夠好，經過努力，確實變得好了很多，而小部分不夠好，經過努力，還是不夠好，但我在努力的過程中已經釋懷了。

照理來說，像我這麼一個執著於內心小天地運轉正常的狠人，應該內耗很低才對，但是過去三年，人間動盪，行業洗牌，初為人母，我在內外交困中達到了迄今為止的內耗高峰。

在我看來，內耗包括但不限於胡思亂想、患得患失、愛生悶氣、自我打擊，還有過度自我關注，看重他人看法，容易被別人的情緒影響，成為負面情緒的奴隸。做決定前腦子裡兩個小人打架，難以容忍別人的缺點，看不慣這也看不慣那，想說的話說不出口，想得太多做得太少，拿不起又放不下，沒休息好也沒什麼像樣的產出。

因為沒做正事而焦慮，也因焦慮而做不好正事，總在懷念過去，恐懼未來，以至於沒有過好此時此刻，讓生活、工作、人際關係、身心狀態統統處在無休止的負面循環中。

內耗持續偏高，會體現在臉上、身上，以及體檢數值上，讓你所有的養生和養顏行為都變得得不償失，甚至徒勞無功。

認識到內耗對我的摧殘以後，我開始向內耗宣戰。練瑜伽、做冥想、做手帳、抄經書……我發現內耗很難清零，但降低內耗並不困難，當自己維持在低內耗的狀態，就會感受到前所未有的輕盈和暢快。

要成為一個輕裝上陣的低內耗者，思想上要先接受「有內耗，很正常」、「有內耗，不丟人」的設定，帶著內耗生活，也能活得不錯，但前提是內耗不要持續嚴重超標。

如果意識到自己處於內耗中，對自己進行自我關懷，或者如果意識到內耗反映了內心的強烈需求，在行動上去改變、去追求、去突破，反而可能迎來人生新轉機。

當察覺到自己處於高內耗狀態且身心俱疲時，那就行動起來吧，就像數學中求相反數的做法，去做和之前內耗高時相反的事情，去想和之前內耗高時相反的想法。

過度自我關注，那就關注點自我以外的世界；

看重他人看法，那就看輕他人看法或看重自己感受；

容易被別人的情緒影響，那就試著修練鈍感力，或者友好地和別人設定清楚的界限；

是負面情緒的奴隸，那就試試成為正面情緒的奴隸；

做決定前腦中兩個小人打架，等小人打完，事都過去了，那就試試讓兩個小人握手言和，先按這個小人的想法去做，再按那個小人的想法去做。有看小人打架的功夫，現實中的困難說不定都被我打敗了；

難以容忍別人的缺點，看不慣這看不慣那，那就試著接受看看，入眼入耳不入心。

愛因斯坦說：「你無法在製造問題的同一思維層次上解決這個問題。」很多人認為要解決問題，需要思維上的升級，但在我的經驗中，我發現行為上求證相反數的做法，更會讓我的內耗斷崖式下降。

在過去的幾年中，我改變很多思考方式和生活方式，才把內耗降低到自己可接受的水準，我有一個最大的啟示，想要降低內耗，就要少活一些形容詞，多活一些動詞。

當內耗來敲門，就是告訴自己，我該為了具體的事情運轉起來。越具體越好，愛具體的人，做具體的事，解決具體的問題。只停在想的層面，焦慮會增加內耗，上升到做的層面，自己慢慢就平靜下來了。

一起來試試吧，我們能過上低內耗的輕盈人生。

最後說一個冷知識，所有比氦質量大的原子，像是牙齒和骨骼裡的鈣，血液中的鐵，都是從恆星內部誕生的。可以說，我們都是用星辰做成的，別讓自己白白內耗。

從今天起，請過低內耗人生

現代人有個終極困惑，我也沒有做什麼，為什麼會這麼累？

高票選答案是內耗。

內耗是一種內在的消耗，自己拖著自己，自己耽誤自己。是自己和自己的鬥爭，自己對自己的敵意。

內耗者的「榮譽稱號」包括但不限於全國胡思亂想大賽第一名，世界愛生悶氣比賽十連冠，中央戲精學院優秀畢業生，國家著名自我打擊樂隊隊長，國家一級拖延症運動員，空想不行動協會榮譽會長……

內耗的起點是外部刺激引起的小不快、小不甘、小不爽，僅自己可見，可能轉瞬即逝，也許藏得很好，但如果放任自流，容易以小見大，以點帶面，循環增強。

從「三日高內耗，便面目可憎」，到「你有多內耗，身體全知道」。

年輕人對外內卷¹，對內內耗。內耗可比內卷可怕多了，內耗是自己跟自己卷，對於內卷，你或許能說，他卷任他卷，我考公務員。但內耗呢？你總不能說，他耗任他耗，一起死翹翹。

人到中年，如臨半坡。時間和精力大不如前，上有老，下有小，自己的身體也不好，生活壓力指數級增長，外部損耗不敢惹，內部損耗更要躲。

卡夫卡曾在信中寫道：時間很短，我的精力有限……要是我們不能輕易得到愉快的生活，就只好想些巧妙的辦法迂迴前進。

一邊內耗一邊喊累的我們，如何迂迴前進？

過低內耗的人生。

情緒需要低內耗

現在很多人的口頭禪是「氣死」，表述雖略顯誇張，但它的流行，說明生氣、暴躁、煩躁等負面情緒頻繁出現。

負面情緒在人類進化中有不可或缺的正面意義，但在現代社會中，我們的環境不再是荒野求生，負面情緒的過量累積，最終反噬的是自己。

一種是長期負面情緒纏身，另一種是短期負面情緒劇烈越級，在我看來是最耗人的。

前者如電視劇《你好，母親大人》中董潔飾演的丁碧雲，婚後老公出軌，她一氣之下帶著兒子淨身出戶，性格變得要強，嚴格要求自己和兒子，遇到請求很少拒絕，表面含蓄克制，但負面情緒長期積壓，或許成為她兩度患癌的最大原因。

後者如周星馳的電影《喜劇之王》裡的演員，導演要求試戲，兒子出生，老婆死了，兒子是天才，兒子畸形，老婆醒了……短時間內在極端事件的夾擊下，演員面部神經失調。相較於情緒的遞進，情緒的越級更傷精費神，損害心智。

情緒上的低內耗者，更需要提高情緒免疫力，擴大情緒顆粒度，修練情緒內在穩態，減少負面情緒內耗，甚至把負面情緒的意義積極化，如讓生氣帶來行動，讓悲傷帶來智慧，讓後悔帶來反思，讓糾結帶來梳理，讓憂慮帶來準備。

行為需要低內耗

有種養生行為叫內耗式養生，熬夜看眼霜測評，忙著上火又忙下火，忙著吃撐又忙消食。急急忙忙地換上不瘦十斤不換回的頭像，餓到晚上再復仇式大吃。雖然行為不少，但似乎離目標更遠。

有種決策行為叫內耗式決策，腦子裡總有兩個人在吵架，等架吵完，事已經過去了。在通往行為的路上，激情和幹勁被內耗快速敗光。

行為方面的高內耗者，想得比誰都多，做得比誰都少；事情過去了，心情過不去；說出最硬的話，做出最軟的事；語言上的巨人，行動上的矮子；每次臨淵羨魚，回家卻沒結網。

著名的皮克斯動畫導演安德魯·史坦頓說：「如果你面前有兩座山頭，不知道該先攻打哪邊的話，那就盡快做出選擇，趕緊採取行動，一旦發現自己攻錯了山頭，那就趕快去攻另一座。在這種情況下，錯誤的行為只有一種，那就是在兩山之間舉棋不定地跑來跑去。」

多慮、猶豫是內耗的培養皿，翻篇、行動是內耗的阻斷劑。

生活需要低內耗

朋友賺了筆錢，在海邊買了套房子，打算當作度假屋。

問題接踵而至，張羅裝修，安裝網路，開窗散味，很多生活用品得買雙份，還得考慮什麼時候怎樣搬過去，等她一年後去度假時，覺得沒有快樂，只有疲累。

占有永遠是雙向的，你占用著物品，物品也在占用著你的時間、精力、金錢和決策。一錘子買賣之後需要細水長流的維繫。

人要輕盈地行走於世，需要低內耗生活打底。

為什麼企業家賈伯斯、政治家歐巴馬、漫畫家蔡志忠等，長期穿搭簡單而固定？歐巴馬的話很具代表性：「我正在努力壓縮需要做的決策，我不想花費精力在吃穿上做決定，因為我有太多的其他決定要做。」

消費主義從不重視我們的內心幸福，當物質欲望被壓縮後，精神世界有更大空間，可以在熱愛之事上有所創造，創造比消費更能抵禦內耗。

這兩年我的寫作收入增加，但內心時不時惶恐，擔心此時會不會是收入高峰，以後收入掉至低谷，生活品質下降，內心落差一定很大。

人稱「摳組大神」的省錢達人王神愛在節目《和陌生人說話》中說過：「我不想當那種人人都誇，人人覺得很美麗，但是要花很大心思去呵護的花朵，但是我選擇的是一種適合自己的，就是像野草一樣活下去，並且旺盛地（活著），就算把我踩得感覺只剩根了，你過幾天看我，我又冒出來了。」這段話改變了我。

當我開始主動消費降級，生活簡化，我發現生活品質並無下降，物質簡單換來精神飽滿和包袱減輕，野草般的生命力和斷捨離後的簡約美，反而提高了我的生活品質。

工作需要低內耗

工作中低內耗的人，本著「機器人策略」行走職場。

當你在做不得不做、誰做都行的事時，就讓自己成為一個演算法驅動的「機器」，要事第一，績效為王。

為了演算法快捷，善於總結公式，精準溝通。

比如，主管交代工作，回覆「好的」或「收到」已是舊版本，新版本是確認收到加動作加截止日期，如「好的，我總結了三個方案，週五下午 2 點前給」；客戶詢問進度，只答做到哪裡了已是舊版本，新版本是結果加截止日期加詢問是否有變動，如「已完成幾個部分，還差哪個部分，今天下午 3 點前給到，要求有變更嗎？」

當你在打磨現在或未來的核心競爭力時，就讓自己成為一個創作驅動的人，結合你的審美和積累，調動自己的創意和情感，沉醉身心地做一件事。

當機器時，理智上線，情緒告退，合理安排，統籌調度，讓一切盡量無誤；當人時，專心專注，進入心流，人事合一，帶自己突破能力邊界。

盡快專心搞定工作，安心休息玩樂。

家庭需要低內耗

單身時，我們是動物，愛去哪裡去哪裡，愛幹麼幹麼；組建家庭後，我們變成植物，扎根在家庭的「土壤」裡。

高內耗家庭的土壤不利於植物生長，對於感情，夫妻之間不停博奕，最傷人的話說給最親的人聽，互為差評師，互相消耗，沒完

沒了地吵架，不是女人吵男人逃，就是男人沉默女人流淚，在痛苦中反芻，又在反芻中痛苦。

對於孩子，總是不信任，總在挑剔，總想控制，孩子長大後說不定要花時間治癒童年陰影。

而低內耗家庭的土壤都是相似的，會為自己和家人營造舒適的環境和舒心的氛圍，讓人擁有更多能量實現自我、探索世界。

我們結婚後不要活成一加一小於二，要大於二，有孩子後，三個人要大於三，父母來了，七個人要大於七，把家人相處中出現的問題覺察、分析、排除、預防，家和萬事興，一家人就是一支隊伍。

本來生完孩子後我想寫本母嬰書，但產後我的身體變弱，情緒變差，經常陷入「你好可惡，我好可憐」的想法中。內耗時找自己麻煩，內耗超載時找別人麻煩。內耗最嚴重時，我在失眠的夜裡感慨，輕裝上陣才叫活著，我這種頂多算沒死。

我目睹內耗的破壞力，也對艱難應對內耗的自己，以及我的內耗密切接觸者們深表同情。

工作上有個契機，我接觸加工貿易業務，天天周轉於有形損耗、無形損耗、單耗等數據中，任何變動都需要核算和審核，但在現階段人生中，我卻放任內耗，把所有養生變成徒勞。

每一個內耗超標的日子，都是對人生的辜負，於是主動節能降耗，過低內耗人生。我經常提醒自己：非必要不內耗。

在種種實踐中，我領悟到內耗是想法、感受和行動的不統一、不匹配、不和諧，而理想的低內耗狀態有三種。

一、思想、感受和行動，單項分值很高

比如，專心寫作，行動只是簡單地坐著，感受處於忘我狀態，深入地思考，進入心流狀態；專心按摩，行動只是放鬆地躺著，如果不想東想西，好好感受，身心得到絕佳放鬆；專心跳舞，記舞步聽口令卡節拍，行動占了九成，想法清零，一曲畢頓感酣暢淋漓。

二、思想、感受和行動，在當下和諧統一

和孩子一起玩耍，感受孩子的細微反應，全身心投入其中，進入想、做、感在當下的統一，這是極為美妙的家庭時光。

但這很脆弱，即便你和孩子在一起遊戲，如果突然恍神，如突然想到未來孩子的激烈競爭，很可能就拉開內耗的序幕了。

三、感受、思考和行動，平滑地過渡

有一天我看短影片，一開始感受占了上風，內容一個比一個有趣，讓我不停期待，過了一會兒，興奮值降低，不是影片內容不好了，而是感受的邊際效應遞減。

在我頭昏腦脹之際，突然好奇自己拍影片是什麼體驗，於是眼睛放光地想選題、做腳本，然後稍做打扮，架起手機，調整光線，拍了一支影片，嘗試後期編輯。整個過程我都是內耗絕緣體，我在感受降落時，跳上思考的跳板，思考降落時，再跳上行動的跳板，像盪鞦韆一樣，一次比一次興奮。

當我意識到內耗的苗頭了，我就有意識地調整思想、感受和行動的比例，這招幫我抵禦了八成以上的內耗。

在當今節奏快、變化大、資訊多的時代，內耗常以不易察覺的方式嵌入我們的生活，內耗幾乎成為現代人的宿命。

遊戲裡是植物大戰僵屍，現實裡是成年人大戰內耗，讓我們在自己的菜園裡，提前準備好抵禦內耗的馬鈴薯，進攻內耗的豌豆，並源源不斷地收集內養我們的能量花。

　　世界越難，生活越煩，我們就越不能內耗，未經降耗的人生，會越過越沉重，拆掉內耗的牆，拔掉內耗的管，攘外必先安內。

　　將來的你，會感激現在低內耗的你。
　　從今天起，我們相約過低內耗人生。

---

[1] 內卷：為獲取有限資源下，進行非理性的過度競爭。

目錄

Chapter 1　情緒提案

你要高薪，更要高興

Chapter 2 行為提案

不說硬話，不做軟事

Chapter 3 生活提案

自律上癮，才是人間清醒

Chapter 4 溝 通 提 案

所謂「言值」高，就是會好好說話

Chapter 5 工作提案

年輕人怎麼提前布局自己,會脫穎而出?

Chapter 6 家庭提案

一個人是一支隊伍,一家人就是一萬雄兵

Chapter 7 內養提案

是珠玉就打磨，是瓦礫就快樂

Chapter 1

情 緒 提 案

你要高薪，更要高興

三十歲以後，我把「高興」視為更高的修行。最
重要的是認真照顧自己的生活。讓自己成為高興
的供應商，不把太多妄念傾注於他人身上。

想對自己好，就減少情緒雷點，提高情緒免疫
力。別人一個眼神、一句話、一個動作就惹到你，
你未免也太好惹了。

01

明知生氣對身體不好，
為什麼還是忍不住

任何人都會生氣，這很簡單，
但選擇正確的對象，把握正確的程度，在正確的時間，
出於正確的目的，透過正確的生氣方式，這卻不簡單。

有一次，我生了至今難忘的超大悶氣，情緒「宿醉」很久。

生悶氣，是一個人雙手交替猛搧自己巴掌，是自己一個人蹲在牆角搞爆破。

當時我快把自己氣出毛病來，感覺自己瀕臨休克，需要有人掐人中，有人按內關，有人拍胸脯。

冷靜一想，誰都不欠我，而我生那麼大的氣，我最虧欠自己。

那段時間，郝萬山醫師的《不生氣就不生病》成了我的枕邊書。開篇就把我點醒：隨著人類文明的進步，物質生活的富足，預防醫學的發展，外因得到了有效防範，唯獨情緒過激和負性情緒持久，成為威脅健康的最主要因素。

書裡空姐問醫師，一個人不管遇到什麼事情，都不能生氣嗎？

他引用亞里斯多德說過的話，任何人都會生氣，這很簡單，但選擇正確的對象，把握正確的程度，在正確的時間，出於正確的目的，透過正確的生氣方式，這卻不簡單。

這哪裡是生氣，是運用理性和智慧，策略性地處理棘手問題，是不傷害自己又能嚇唬別人的手段。

從醫師的角度來看，任何一種情緒波動，都會使內臟、肌肉、血管、內分泌等參數發生變化。比如，害羞激動會臉色發紅，恐懼害怕會臉色蒼白，暴怒狂怒會臉色鐵青，緊張焦慮就額頭冒汗，突遇驚恐會毛骨悚然……情緒變化導致血管、肌肉的改變，從而使生理平衡狀態發生偏離，需要人體付出更多能量，耗費更多調節機能，使其恢復平靜。

很多時候，原本有較好修養，平時能妥善控制情緒的人，卻出人意料地生氣動怒，事後連自己都感到莫名其妙，為什麼自己會如此失態？

人在疲勞、飢餓、生病、亞健康[2]時，特別容易生氣。疲勞讓正氣受損，能量消耗過頭。生病時，身體內部會出現能量布局的調整，肝氣鬱結或肝陽上亢的人，脾氣易燃易爆，別人點火就著，沒人點火也能自燃。

控制情緒，不僅是修養問題、認知問題、心理問題，還是健康問題。

把我們人體的氣該升的升，該降的降，該出的出，該入的入，使其盡量流暢無阻。

把自己想出問題的人，基本都是聰明人，但從健康角度來說，卻是聰明反被聰明誤。

2020 年，我發過一則動態：「人哪，哪怕你生錯家庭，嫁錯人，生錯孩子，都盡力保持對的生活方式，好好愛自己，替本來該愛自己的爸媽、對象和孩子，好好愛自己。」

2020 年的想法，已經配不上 2021 年的我了。**好好愛自己，不只是對的生活方式，更是對的情緒模式。**

開導別人的話誰都會說，一到自己這裡就派不上用場。「生氣不如爭氣。」、「生氣，就好像自己喝毒藥，而指望別人痛苦。」、「對別人生氣 1 分鐘，就失去了人生中 60 秒的快樂。」、「你若是對的，沒必要生氣；你若是錯的，沒資格生氣。」比金句儲備，根本不怕。

歸納我每次生氣的最大公約數，如果以下因素中有三個疊加，足以讓我的情緒爆出一朵蘑菇雲。

- **飢餓**：人在飢餓時血糖會偏低，人體的自我調節功能，會根據血糖含量的高低來預測自己還能活多久，肚子餓時大腦的第一反應，是如何獲得足夠的能量，別指望對複雜事情做出明確的決策判斷。對我來說，最重要的事，就是準時吃飯。

- **荷爾蒙**：我幾乎每次生氣之後，一看日曆，日期接近了，會有種「原來如此」的恍然大悟感。不要對這種看不見的內在力量不以為意，女性犯罪率與生理期關係的調查顯示：女性暴力犯罪活動多發於月經週期七天左右，女司機在生理期間出車禍的機率大於非生理期。

- **先抑後揚**：我凡事跟自己叫囂著「改變別人，不如改變自己」，很多別人做的讓我不爽的事，就自行消化。我讓我的小悶氣壓抑著，積少成多，聚沙成塔，水滴石穿，等我月經前後某天餓急眼時，統一來把大的情緒爆發。

‧ **氣生氣**：我老公惹我生氣後，如果問我一句「至於嗎」，我更要氣到爆炸。我心想：你現在要做的不是質疑我生氣的程度，而是想辦法彌補自己的過失，好嗎？曾聽過一句話：「只要不因憤怒而誇大事態，就沒有什麼事情值得生氣的了。」

生氣的結果是生戲，越想會越入戲，越來越生氣，人家是錢生錢，多賺；你是氣生氣，多虧。

身體問題之外，心理最大的問題歸結為未被滿足的撒嬌欲，會妨礙自己的內在穩定。

生氣不是一無是處，甚至有時需要生氣。《冰菓》裡千反田愛瑠說過：「如果對什麼事都不生氣，大概也就沒辦法喜歡上任何事物了吧。」

而且生氣有時候意味著幸福，有人在乎你時，你生氣才是生氣；沒人在乎你時，你生氣是給自己找罪受。我跟誰生氣多，說明誰比較在乎我。再說，生氣和失望不一樣。生氣需要哄，失望是做什麼都多餘。

對觸碰底線的事情更要生氣，如《房思琪的初戀樂園》裡說：「忍耐不是美德，把忍耐當成美德是這個偽善的世界維持它扭曲的秩序的方式，生氣才是美德。」人需要生氣，更要會生氣。

把自己當成情緒的導管，而不要當成情緒的容器，不要一直憋著、忍著、淤積著，女孩子忍一時卵巢囊腫，一直忍乳腺增生。

人到一定歲數，生不生氣，程度如何，可能不是擔心別人怎麼看，而是害怕身體怎麼樣。到底怎麼樣才能少生氣？

對別人：修築自己的邊界感，猜你、懂你不是別人應有的悟性和應盡的義務，試著讓自己容易被理解。心平氣和地說出自己的訴求，用高情商來表達，別人聽著悅耳，自己也舒服。不是所有時候

都要靠忍耐去體現自己的大度，產生憤怒很正常，雖然適當地忍受是必要的修行，但有時候即使消化完畢，也要真誠地告訴惹怒你的人：你這樣會令我生氣。

　　對自己：別餓著，別睏著，別累著，讓自己的身體處於健康舒服的狀態，身體是情緒的培養皿，身體不舒服，情緒也會難受。促進肝膽氣機的發展，三焦代謝，促進氣血通暢，代謝通達，平復情緒。微醺感，會讓人快樂，但酒精對身體不太好；玫瑰花，能疏肝解鬱，但喝多我後背易長痘。

　　總之，最大的愛自己，就是少生氣，會生氣。

---

[2] 亞健康：介於健康與疾病之間的過渡狀態。

02

未被滿足的撒嬌欲，
讓你持續性鬱悶，間歇性崩潰

撒嬌本質上是一種被允許的篤定，

是一種被偏愛的自信，是一種安全感的體現，

它對心理、環境、原生家庭、伴侶、朋友有很高的要求。

有了孩子以後，我爸媽和公婆輪流來幫我們帶孩子，我發現爸媽在或公婆在，我有一點感受最明顯。爸媽在身邊，我塵封已久的撒嬌欲就會蘇醒。

我上班做完工作，就盼著回家。在家裡，我的話變得密集又軟糯：「爸，我的肚子好餓好餓呀！」、「媽，我這歌唱得好不好聽呀？」

有一次，我爸給我女兒餵飯，發現碗裡有一小塊番茄皮，他就甩到我碗裡。我加油添醋地向我媽撒嬌：「媽，你看我爸，那麼溫柔地把番茄餵進外孫女嘴裡，那麼粗暴地把番茄皮甩進我的碗裡。」我爸解釋說：「小孩子消化不了番茄皮，想夾到你碗裡，但黏在筷子上，就甩了一下。」我媽笑著對我爸說：「要記得我們家裡除了有個小寶寶，還有一個大寶寶。」

另一次，女兒一天都沒排便，我爸心心念念地說了幾次，回憶孩子的每頓飲食是否營養均衡。我又向我媽撒嬌：「媽，你看我爸，外孫女幾小時沒排便，他記得一清二楚，我要是一天兩天沒排便，他都不會放在心上。」我爸哭笑不得地反問我：「孩子多大，你多大？」我脫口而出：「我年紀再大，也是你們的孩子。」我媽又笑著對我爸說：「注意了，我們女兒跟外孫女在爭寵呢！」

感謝我爸媽，滿足了我的撒嬌欲，撒完嬌後通體舒暢，日子都過得閃閃發亮。

有句話叫「撒嬌女人最好命」。自詡獨立女性的我，以前對這句話嗤之以鼻，我信奉又忙又美的人好命，自律自控的人好命。我認定的好命，是一種對自己人生有較為充分的控股權。

如果身邊女性，被我看出有目的性地撒嬌，違心地撒嬌，利用性別特質撒嬌，我會在心裡翻個白眼：至於嗎？有撒嬌讓別人為你做事的工夫，自己早就做好了。自己有手有腳的，有什麼事情做不了。

在我好手好腳時，當然可以，可是，當我狀態沒那麼好時，我會看人不順眼，看不慣別人閒著，會遷怒別人，說話陰陽怪氣，脾氣易燃易爆。

我喜歡的日本心理學家加藤諦三說過一句話：「未被滿足的撒嬌欲，會影響一個人的內心穩定狀態。」這句話戳中了我的痛處，因為太痛，所以我嘴硬不肯承認，彷彿要更拚命地向加藤諦三證明，你說的至少不全面，我不愛撒嬌，也過得挺好。

在工作中，我喜歡自己雷厲風行、手腳俐落的狀態，不愛找藉口，去和主管說明自己的難處，也是帶著量化後的數據去的，多高效。

在生活中，曾經的獨居經歷化身寶貴財富，我能自己搬家，自己做飯，生病了把藥放在伸手能拿到的地方，病好了再告訴父母，不讓他們隔著距離擔心我，多懂事。

在感情中，雖然我也會讓對方幫我提下東西、擰開瓶蓋，但對於一些情感訴求，希望對方開啟天眼，自動領悟。我在星座影響下，習慣心熱面冷，正話反說，是典型的天蠍座。

其實，一個人不管外表看著多麼成熟、理性、腹黑、霸道、犀利、強勢，但內心深處的撒嬌欲持續無法滿足，無處宣洩，心情是會出大亂子的。

女兒的到來，讓我正視撒嬌和撒嬌欲。做媽媽以後，我喜歡看女兒跟我撒嬌：揚起小腦袋，嘟著小嘴巴，皺著小鼻子，瞇著小眼睛，張開小手臂。哎喲，我的心都被融化了。她說要抱抱，我就抱抱；她要拉著我往哪走，我就往哪走。

我經常觀察她，她會對身邊人有不同程度的撒嬌情況，由此我懷疑，撒嬌應該是人的本能。當她確認到父母親人的關注和疼愛，她的小需求，大人會寵愛有加地、拿她沒辦法地滿足時，她會肆無忌憚地撒嬌賣萌。

說實話，我希望女兒長大以後，既能獨立堅強，又能自然撒嬌。因為撒嬌本質上是一種被允許的篤定，是一種被偏愛的自信，是一種安全感的體現，它對心理、環境、原生家庭、伴侶、朋友有很高的要求。通常情況下，我們只有在內心強大且自信時，面對讓自己覺得舒服的環境和安全的人，才會自然撒嬌。不是為了獲得切實利益，只是想收穫溫暖的色調。

而我們中的大多數，越長大，越遠離了撒嬌這項本能。可能是

你跟父母撒嬌「覺得自己還是小孩子」，父母回覆「你的同齡人都生小孩了」；可能是你跟男朋友撒嬌「寶寶被主管罵了」，男朋友回覆「我來幫你分析分析」。

很多人是在向錯誤的對象展示過自己的柔弱後，二話不說學會堅強。成年人已經成熟到忘了怎麼撒嬌，覺得撒嬌本身就很彆扭，撒嬌的話說不出口，撒嬌後別人覺得我又弱又做作，於是刻意壓抑內心的撒嬌欲。

然後情緒憋一把大的，憋住了，可能化成身體裡不同部位的結節和囊腫；憋不住了，一件不值一提的小事可能就會引發一場令雙方大動干戈且兩敗俱傷的戰爭。

如果你的小柔弱、小童真、小委屈、小不爽，能從「撒嬌」的溫和出口釋放，不僅自己爽了，身邊人也會很舒適。

在講撒嬌教程之前，有些易錯考題，需要讓大家看看。

過度撒嬌，像個沒有自理能力的「巨嬰」，讓對方不斷付出。卑微地撒嬌，沒有核心，希望取悅對方，實則是關係綁架。

有時是場合不對，對方心情好的時候「做作」就是撒嬌，心情不好的時候撒嬌就是「做作」。

有時是方式不對，顯得矯揉造作，顯得無理取鬧，顯得像「恃靚行凶」，顯得你弱你有理。

對於撒嬌，我有三點心得。

一、不要只把嬌撒在心裡，要撒在嘴上

我覺得談戀愛的快感之一，就是能找到一個滿足你撒嬌欲的人。

女生來「大姨媽」了，工作一天好累，最近壓力大到想辭職，跟男朋友訴說。比起聽到男朋友說「我幫你弄熱水袋」、「多喝熱水」、「早點睡覺」，她更希望男生滿足她的撒嬌欲。女生未必是在提需求，她是在撒嬌，希望你在意她、理解她、關心她、安慰她。男生能自發地滿足女生的撒嬌欲當然最好，但現實中往往不盡如人意，這時候女生要把嬌撒出口。

不管你前面的內容是抱怨，是訴苦，是牢騷，結尾加一句要抱抱、要親親即可。如果對方實在想教你做人或極端不解風情，直接說需求：什麼都別說，我只要 ××。練習把嬌撒出口，是對自己、對對方、對關係的深度自信。

二、撒嬌的方式很多，除了肉麻，還能幽默

我曾在網上看到別人的撒嬌攻略：撒嬌前，先讓自己心情變好，營造輕鬆舒適的氛圍，降低對方的防禦。撒嬌時，看著對方的眼睛，用眼神傳遞心意，並在心裡發射對方會答應你或原諒你的意念。表情委屈一點，眼神無辜一點，說話嗲一點，多用語助詞和疊字。

這對我來說太難了，凡是要這樣撒嬌能解決的問題，我都解決不了。我是心裡想說「哥哥」，嘴裡就蹦出「大哥」二字的豪邁派。

我在網路上看到一個女孩的幽默撒嬌法：拿個叉子頂著自己的脖子，「快點餵我一口，不然我叉死我自己」。撒嬌的方式千百種，有肉麻的，也有搞笑的，各取所需。

三、對方無法對口地滿足自己的撒嬌欲，怎麼辦？

我在廚房扭到腳，我老公會去確認「地不滑啊」。我心裡掀桌，我管地滑不滑，我想要的反饋是「你痛不痛」。

我跟他講小時候溜直排輪摔倒了，手掌摔裂了，他說：「好厲害。」我心裡再次掀桌，我想要的反饋是「好心疼」。

　　我說我要公主抱，他說：「我的小腿沒你粗，抱你站不穩。」我心裡掀一萬次桌，我發一個撒嬌球，被扣殺過來一個人身攻擊的球。

　　我一句一句地教他，什麼是我實際聽到的，什麼是我想要聽到的，人家嘿嘿一笑，覺得自己聰明又機智。次數多了，我也不再強迫他滿足我撒嬌欲的具體方案，但我也不會失去向他撒嬌的欲望。

　　即便撒嬌的反饋和我的預期相悖，我想要深情的，反饋可能是搞笑的、無厘頭的、不解風情的，都比「持續性鬱悶、間歇性崩潰」的惡性循環好太多。而且堅持撒嬌，得手的機率會越來越高。

　　幸福的感覺，無非就是自己的撒嬌欲能滿足，自己也會滿足別人的撒嬌欲。

03

你要高薪，更要高興

三十歲以後，我把「高興」視為更高的修行。

最重要的是認真照顧自己的生活。

讓自己成為高興的供應商，不把太多妄念傾注於他人身上。

有一天閒來無事，翻看過去的日記。其中一頁，首行居中處，問了自己一個問題：「為什麼現在我比以前賺了更多錢，但好像沒有比以前更開心？」

是不是覺得賺錢太累了？有點。工作、寫作和休閒之間，越來越失去界限。看部新電影、新劇，去趟情緒發洩館、無重力空間，事先打算捕獲寫作素材，體驗時頓感索然無味。

是不是覺得心理不平衡？有點。為什麼別人看影片、玩遊戲時，自己需要看書寫作？為什麼別人下班就可以躺平放鬆，自己還要開啟另一份工作？

是不是擔心有一天會失去？有點。努力有回報，已經很幸運。而我這幾年運氣超好。從小喜歡看書寫字的我，撿到時代小禮包，

工作多年的收入，不如寫作幾年。我這隻被風吹起暫離地面的小豬，內心和消費日漸膨脹。也可能將來有一天風停了、逆風了，心理上面對由高到低的落差，消費上也面對從奢入儉的退步，看著自己起高樓，宴賓客，樓塌了。

　　我給自己一個旁觀者清的視角，捫心自問三個問題，如果把賺錢看成努力的副產品：

　　1. 努力的目標，是為自我實現，還是為別人而犧牲？

　　當然是為自己。一切為了自己，還有什麼怨言。

　　2. 努力的過程，世上存不存在更輕鬆高效的方式？

　　當然是存在的。時間花在方法優化上，比花在情緒勞動 [3] 上更有價值。

　　3. 努力的結果，是收穫了作用，還是收穫了副作用？

　　目測是副作用。忙了半天，想要的成就感、價值感和安全感沒達標，不想要的疲憊感、付出感和焦慮感卻超標。

　　內心的困惑，隨著這三個問題的思索，變得豁然開朗。最後我在筆記本上寫下一句：祝自己能獲得高薪，更能獲得高興。我要不疾不徐地實現對自己的祝福。

　　高薪和高興，標的物和參照物因人而異。有人月入過萬就載歌載舞，有人年薪百萬還覺得強中自有強中手。就算是同一個人，每階段的權重和基準也有差別。

　　我在心中畫出了一個心情和薪水四象限圖，橫軸是心情，縱軸是薪水。

第一象限，**既高薪又高興**。他們是「人生贏家」，有能力也有境界。

第二象限，**高薪卻不高興**。他們在我眼裡是「人間糊塗」，賺錢方面有能力，但智慧卻沒有延伸到其他方面。沒錢時認為賺錢讓人開心，賺到錢後，在心情金字塔最底層，再往下挖兩公尺，依然沒有他們的名字。沒有搞清賺錢的意義，為了賺錢透支健康，賺到錢後自我膨脹。總遺憾所失，不感恩所得。不圖超越自己，只為超越別人。為了錢做違心的事，為了利做彆扭的事，計較太多，真心太少。

第三象限，**既低薪又不高興**。心比天高，命比紙薄，堅信貧困夫妻百事哀，舉著放大鏡觀察人性的弱點。人生任何一件不滿意的事，工作不好，是社會不公，感情不牢，是對象拜金，關係不順，是別人犯錯。笨鳥卻不飛，知恥不後勇，把人生過成「人間不值得」的下下籤。

第四象限，**雖低薪卻高興**。能力一般，但境界超群，活出「君子役物，小人役於物」和「不以物喜，不以己悲」的風範。在限制

的條件下，活出有意義、有意思的自己。他們不會把自己的人生看成車牌號，限號就不開了。他們是我眼中的「人間通透」，會苦中作樂，自娛自樂。對「財務自由」也有另一番有趣且樂觀的解釋：想不買什麼，就不買什麼。

我根據目前的價值觀，給這四個象限排出高低。**既高薪又高興＞雖低薪卻高興＞高薪卻不高興＞既低薪又不高興。**

電視劇有句經典口頭禪：做人嘛，最重要的就是開心。可是，做人有多難，開心就有多難。

當我二十多歲時，把高薪看得更重。卡繆說：「人沒有錢不可能快樂。就是這樣。」高薪是有錢的子集之一，高薪是透過工作獲得正當的高收入。

頂級的高薪，是優化改善整個社會的運行方式。高級的高薪，是在風口來臨前準備好所需能力。標準的高薪，是緊隨上升期的行業和公司成長。

頂級高薪，不可望也不可即。高級高薪，可望而不可即。比如，在網路風口來臨前，有人把有洞見的內容觀點、有魅力的外在條件、有特點的表達方式準備就緒。風口來了，卡點準確，成為新貴。標準高薪，可望也可即。在一家公司，外環境和內環境都不錯，自己也足夠爭氣和幸運。在我所工作過的公司，高薪人士普遍把自己的專業能力和業務水準，磨練到「一人之下百人之上」的稀缺級別。做銷售的對市場了如指掌，對心理頗有心得，對話術鑽研有道。做執行的對資源調度熟練，對工具得心應手，對主管見微知著。

我覺得一個人認真工作，真誠對人，多做工作復盤，優化工作方式，擅長管理自己的健康、時間和精力，用 PDCA 工作法，即

Plan（計劃）、Do（執行）、Check（檢查）和 Action（處理），一輪又一輪地改善工作，做長期主義的學習者和實踐者，很難不脫穎而出。

《金錢心理學》的作者研究金錢與幸福的關係，提出兩者的相關性約為 0.25。在 0.25 之前，金錢和幸福是正比關係；在 0.25 之後，就基本上沒有太多關係，這是金錢的邊際效應遞減。

當你滿足基本物資，薪水越來越高後，我覺得不能持續大賺大花，停下來研究一下精神和心情，絕對有必要。如果你只有「高薪和高興成正比」這種單一思維，你就必須持續賺錢，來不及感受幸福。環顧四周，發現比你高薪的人比你還拚，你還能高興嗎？機會轉瞬即逝，紅利過時不候，你能不焦慮嗎？在我們本應該感到高興的時候，隱隱覺得不該高興，不配高興，應該感到愧疚，應該再接再厲。通不了關的鬼打牆遊戲真驚悚。

我看來，高興是比高薪更困難、更重要的課題。

即便楊絳說：「**你的問題主要在於讀書不多，而想得太多。**」可是當我看了很多書，我還是會不高興。即便林語堂說：「眼光放遠一點，你就不傷心了。」可是我在難過的當下，即使知道幾個月後我就不記得，我還是會不高興。即便路遙說：「**人活一生，值得愛的東西很多，不要因為一個方面不滿意，就灰心。**」可我即使趕著去辦個手續，辦事處關門了，我何止不高興，我還想仰天長嘯，踢路邊的石階也不解氣。

三十歲以後，我把「高興」視為更高的修行。最重要的是認真照顧自己的生活。讓自己成為高興的供應商，不把太多妄念傾注於

他人身上。關注自己每天的能量守恆，如果白天過得不容易，那麼晚上就給自己製造甜蜜。在日常生活中積累無數可持續的小確幸，才有可能得到人生的大幸福。有了一點小成績，就獎勵一下自己，自律過後，及時行樂。正如好利來食品的老闆羅紅，早年有攝影夢，當企業小有成績時，捨得花時間和金錢，走訪世界美好的地方。

不要比來比去，不要這也看不慣，那也見不得，橫豎不順眼，累的不是眼，是心。

無聊時提醒自己看書，焦慮時提醒自己正念，生氣時提醒自己鍛鍊，有落差時提醒自己看淡。平日裡有正心正舉，迷茫時能撥迷見智。

總之，有心有力時，錢能多賺，還是多賺。但錢賺多賺少，都不要賠上好心情。發展是硬道理，快樂更是硬道理。

---

[3] 情緒勞動：在工作期間與服務對象互動時，受企業、服務對象、自身利益的制約，需管理自身的情緒，並呈現合宜的應對模式。

04

「你氣我，但氣不到我」 是低內耗的標配

想對自己好，就減少情緒雷點，提高情緒免疫力。

別人一個眼神、一句話、一個動作就惹到你，

你未免也太好惹了。

我的讀者群裡，有一天一位讀者提問：「有個同事坐在我身邊，天天嘆氣，我被弄得心情煩躁。容易被外界和別人影響自己的情緒，無法專注到自己的事務上，有什麼解決辦法嗎？」

先分享我的口頭禪之一：低內耗的人都有「你氣我，但氣不到我」的天賦。

在我眼中，我們人類既是電腦，又是程式設計師。

環境干擾我們，別人打擾我們，我們被分心、不高興、會生氣，這是我們作為電腦的部分。但有時需要召喚出程式設計師的部分，脫離電腦的自動程式，開始自我編程。

過去豐富的經驗告訴我，如果我順流而下，那麼我就給自己準備好了一個心情差、顏值低、怨念重的自己。於是，被人影響了情

緒，我就使用獨門祕籍，分為**短期打撈術**和**長期建設法**。

短期打撈術包括：
一、識別身心舒暢程度。
二、分析影響者的權重。
三、編排緊急重要事項。
四、讓消極想法積極化。

每次別人惹我不開心，我總結後發現，當我身體不舒服，心情不舒暢，沒有什麼事要做時，近乎處於等壞情緒來敲門的內耗狀態。

一個無關緊要的人的一個無關緊要的言行，都會輕易把我惹怒。與其說我被別人影響了情緒，不如說我本身就處於難以名狀、易燃易爆的負面情緒中，萬事俱備，只等導火線來把我點炸。

我記得剛出月子時，我和月嫂帶孩子去打疫苗。

疫情期間，只能由我一個人帶孩子掃描 QR code 進屋，打完出來後，月嫂接過孩子，看著孩子衣冠不整，她嘴裡說了一句「怎麼當媽的」。

當時我心裡躥起一把火，但修養不允許我發出來。

回家趁孩子睡著，我拿出筆記本，先發洩，再分析。

· **身心舒暢度**：我生完孩子，身體欠佳，百廢待興，作為新手媽媽，抱娃姿勢不熟練。第一次帶孩子打疫苗，流程不熟，情緒緊張，手忙腳亂，孩子打針時大哭，我既心疼又無助，她當眾久哭不停，也讓我有點煩躁。

- **影響者權重**：我們不打算與該月嫂續約，所以到期後，基本不復相見，對於一個準陌生人，她的話再不中聽，我也不必在情緒上大動干戈。
- **編排要做的正經事**：夜裡沒睡好，我需要好好休息；社群平臺需要更新，我需要修改文章；抱娃姿勢不熟練，盡量向月嫂請教。
- **消極想法積極化**：我花錢請月嫂，是買服務，不是買罪受。既然這件事讓我又花錢，又鬱悶，浪費時間，耽誤自己，我必須從中撈些好處。

比如，把這件事儲存到文章素材庫，並且總結不輕易被人影響的情緒模型，讓自己長期受用。

透過分析，我意識到，我身心不舒服，情緒免疫力低，如果我為導火線置氣，身心會加倍不舒服。

既然有時間生氣，就說明有時間給自己找事做，緊急的、重要的、愉悅的，讓自己有正事可做，給情緒找個遮風避雨的落腳點。

如此這般，我扭轉了情緒慣性，沒讓它順勢滑到懸崖之下，而把自己逆向打撈起來。心情變廢為寶，時間價值連城。

等我從正事的結界中走出來，如有時間，如有必要，我想為情緒篤定的自己，做點長期建設。

一、減少情緒雷點

「我受不了別人發出嘖嘖嘖的聲音」、「我聽到別人發長音『唉』就很煩」、「同桌的人吃飯吧唧嘴我就沒食欲」、「我們天

蠍座受不了別人在背後説自己的壞話」……

這些是我以前常見的心理活動，隨著大學住校、結婚，和一個人甚至一家人相處，這些心理活動越來越少。

因為大家或長或短地共同使用一個空間，誰雷點又低又密，誰就是自找不快。

生氣的直接受害者是自己，你的乳腺比靈魂伴侶和大數據更懂你，何時何地生多大的氣，逐一詳細記錄下來。而且很多次，你自己辛辛苦苦氣半天，別人可能壓根沒發現，不在乎，不改正。

自己情緒不好，既沒有功勞，也沒有苦勞。

想對自己好，就減少情緒雷點，提高情緒免疫力。別人一個眼神、一句話、一個動作就惹到你，你未免也太好惹了。

做人能活在桃花源裡，就千萬不要活在褲衩裡——別人放什麼屁，都得無條件兜著，敢問憑什麼？

二、推進階段目標

我的第二份工作，每個季度，部門成員要在網上測評自己和別人的表現，得分關係到季度獎金。這讓我相對在乎別人的評價。

我養成把工作一次性做好做對，不給上下游的同事添麻煩，見面熱情與人打招呼，提升效率後多幫助同事，帶新人提前備課，講業務態度和善等習慣。

這套組合拳打下來，我的人緣不錯，評分高，獎金也高。

直到有個同事把我的額外付出當成理所應當，我意識到「照顧對方感受」從來不是我應盡的義務。

於是，「分水嶺」來了。

我把多餘的精力放在準備更喜歡的工作上，之後跳槽成功，在

第三份工作再次抵達「分水嶺」後，開始業餘寫作。

「分水嶺」前，倍速積累職位的應知應會和必殺技能。「分水嶺」後，拓展新圈子、新技能、新愛好。

把精力放在別人身上，會瘓；把精力放在自己身上，才爽。

凡事有利有弊，在乎別人的情緒和評價也是，利的部分笑納，弊的部分拒收。而持續一陣關心別人的狀態，說明你新的人生目標該推進了。

不做別人的判斷題，要做自己的選擇題。你對別人判斷對了，對自己的人生也不加分。

三、鈍化不良感受

鈍感的人看到一個點，敏感的人看到一條線。

一個敏感的新手媽媽看到孩子到了該爬的月齡，還不太會爬，就加油添醋地「線性填充」：因為孩子爬得慢，所以運動發展不好，所以大腦發育有問題，結論是孩子這一生全完了。

方方面面以小見大地做悲觀的「線性填充」，像在圖像處理軟體裡選取一個真實色塊，背景全是自行填充，然後把照片處理得以假亂真，成功地自己嚇壞自己。

鈍感人的基本修養是以事實為基礎，遇到事情兩條線考慮。明確哪些是事實，哪些是事實推斷出來的想法。

考慮方向，一條線是自己的問題，不過多延伸，而是自問怎樣改進（為了自己的優秀和舒服而改進，而不是為了別人）。另一條線是別人的問題，不在自己的管轄範圍，要做的是迅速忘卻不快。

四、進入情緒桃花源

我記得一位日本女小說家，她說老公時常嘮叨，惹她心情不好，她會哄好老公，然後自己寫作。

年輕時看到很氣憤，長大後明白，女作家有人生階段性目標。

把時間用來吵架爭對錯有何用，老公就算不能成為神助攻，也不能成為拖油瓶，趕緊讓老公一鍵靜音，才能天馬行空地創作。

長期有願景，近期有目標，當下有事做。

被人影響時，把電腦模式切換成程式設計師模式，寫一小串代碼，敲下 ENTER 鍵。

你只需要熬過前三分鐘，做幾個深呼吸，想點讓自己心情好的事，刻意集中精力，有意識地將周圍處理成白噪音，基本都能自然而然地沉浸到事情中，感受不到時間的流逝，更不關心別人在做什麼、說什麼。

我有想看到的好山好水好風光，我有想聽到的好歌好曲好樂章。

有人氣我時，我才不輕易被氣到，我需要選擇性耳聾，選擇性眼瞎。

風生水起，全靠自己。

05

維持低內耗，
需要什麼思維工具

人越長大，身分越多，關係越交叉，

主動或被動的加法越做越多，

只能反向逼迫自己一遍遍做先後排序，

讓自己的時間不要被人際糾葛和情感困擾這類泡沫擠占。

在我心裡有一個公式：內耗＝糾結＋彆扭＋想太多＋想不開＋玻璃心＋不甘心＋負面情緒＋鑽牛角尖⋯⋯

等式右邊的任何一個因素被我識別到，會觸發我匹配四個常用表格，讓我對號入座，維持低內耗。

第一個表：具體事情，具體分析。

時尚主編敬靜曾說：「不要為宏觀命題而困擾。」其實，這個認知我也有，但是她舉的例子，結結實實地啟發了我一把。

她說，女人不要問自己「孩子重要，還是工作重要」這類涉及價值觀的重大問題，這種問題幾乎與具體生活無關。

如果面對孩子發燒但我們要出差的兩難選擇，可以在腦海中畫

出表格：孩子發燒分為三類，一是發燒到昏厥，二是正常發燒感冒，三是只有一點發燒。出差也分為三類，一是非常重要的差，二是正常的差，三是可出可不出的差。

孩子發燒	我要出差
① 發燒到昏厥	①非常重要的差
② 正常發燒感冒	②正常的差
③ 只有一點發燒	③可出可不出的差

　　當這幾種情況擺在面前，就容易判斷了，最糟的就是兩個第一種情況同時發生，那更不可能糾結，孩子生命重要。

　　我們每個人一次只能做一件事，一定要去做一個時間點裡，你認為最重要的具體的事。 在現實生活中，我們面對的都是具體的事情，等到具體的事情出現時，再做分析，可以事先搭建框架，但是框架梳理好、搭建好，擺在那裡，不要多管，不要渲染自己的難處，不要讓自己提前焦慮，不要為宏觀事情提前發愁，生活很複雜，隨具體情況而變。

第二個表：引入機率，別想太多。

　　我曾經參加工作上的一個業務研討會，某位專家分析風險時，我看到他的 PPT（演示文稿）上出現了一張表格。

事件可能性	事件嚴重性		
	災難級別	困難級別	輕微級別
經常出現	高風險	高風險	中風險
偶爾出現	高風險	中風險	低風險
極少出現	中風險	低風險	低風險

　　他給風險評級的方法，兼顧事件嚴重性和可能性，這類思考方法，對我工作上有幫助，在工作外也有益處。在我們的生活中，很多不希望發生的事情，發生頻率分為經常出現、偶爾出現、極少出現，事情的影響分為災難級別、困難級別、輕微級別。

　　很多人經常存在想太多、想太糟的情況。

　　之前我因為沒人帶娃崩潰過，求助同事，同事說請個保母，我說不放心只有保母和孩子單獨在家。同事說，涉及孩子，常會關心則亂，但社會新聞之所以成為新聞，就說明罕見。於是我把嚴重性和可能性結合起來，覺得風險並不高。

　　我找了熟人用過覺得放心的保母，知根知底，這位保母把熟人家的老大帶到三歲，老二出生後又繼續帶，再加上我的嚴格考察，在家安裝攝影機，那個階段，有位專業有愛的保母幫助我，得心應手多了。

　　很多選擇都是有利有弊，如果一直在弊裡鑽牛角尖，甚至當作已發生，會讓自己身心備受摧殘。風險評級表就大有所為，它會提醒你，即便你把一件事想像得非常嚴重，但緊隨其後的是，結合事情發生的頻率來看。

第三個表：要做加法，必做減法。

　　有一天聽到樊登老師說，人之所以會患得患失，就是覺得人生存在一個最佳解答，但是以他的經歷來講，他覺得與其糾結什麼是最佳解答，不如做好當下該做好的事。

　　但我覺得自己不具備這樣的大智慧，如果有兩個都想做的事，我不會逼自己選擇其一，而會兩個都要。

　　一是自信於自己的時間管理能力，我中學時已經邊上學邊寫小

說；二是不自信於自己的運氣，學生時代的選擇題，四個選項，排除掉兩個錯誤選項，在剩下的兩個可能選項中，我基本都矇不對。

所以我更青睞做加法，列出要增加的事項，也必須明確要刪減的事項。

	+	-
	+	-
我想要的夢想和狀態 =	+	-
	+	-
	......	......

國中時寫小說，導致成績退步，父母希望我專心學習，我跟父母談判，如果我要繼續寫小說，成績要保證在多少名之內？父母說前十名，然後我就兩手都抓，確實有點累，但哪頭都不想放棄。

我就琢磨哪些事情是可以減掉的，於是減少和不太喜歡的同學相處，縮短看電視的時間。國一國二，我維持著成績在前十名內寫小說的習慣，直到備戰中考，這讓我的青春沒留遺憾，成績不錯，寫得盡興，也減少了不必要的精力消耗。

畢業後，等工作上手，又撿起寫作，直到把寫作變成我的另一個小事業。我始終覺得，人不可能做兩份工作，最多就是一‧五份。差額〇‧五，就是在兩份所謂工作中節能降耗。

我現在上班趕緊把任務完成得漂亮，下班後完全不會困擾於同事關係，把自己的精力集中在「事」上，而不是「情」上，業務精通、溝通專業就好，不對晉升抱有什麼執念。

我在上一份工作中，和部門的同事成為好朋友，後來又因為利益分配產生隔閡，最後關係鬧僵，友誼破碎讓我傷心，還讓我一度

產生「以後不要和同部門的同事成為好朋友」的念頭。

現在我在工作中不會代入過多情感，彷彿一個處理工作和困難的機器。寫作大大稀釋了我只能在單一賽道裡競爭的局面，讓我豁然開朗之下，反而更欣賞同事，與同事關係更好。

現在好像終於到了運氣好不好，也不太影響我人生大盤的地步。**人越長大，身分越多，關係越交叉，主動或被動的加法越做越多，只能反向逼迫自己一遍遍做先後排序，讓自己的時間不要被人際糾葛和情感困擾這類泡沫擠占。**

我不是超人，不能身兼數職，無法三頭六臂，只能做重要的或喜歡的或有價值的事，其他的要麼外包，要麼放棄。有時候，把自己當成容器來看待，事情不能無限填充於自身，還要休息、娛樂，和家人相處。

第四個表：課題分離，分清界限。

課題分離理論是心理學家阿德勒提出的處理人際關係的方式，當我們面對一件事情時，要分清楚這是誰的責任，誰的課題，自己做好自己的課題即可，別人的課題就不勞自己費心了。

舉個例子，寫了一篇文章，想發到網上，看了別人發表的文章，又覺得自己寫得不夠好，發還是不發？借給別人一筆錢，自己需要用錢時，想催別人還，又覺得不好意思，催還是不催？

學會課題分離，分清界限後，就不會有那麼多的內耗。

符合網路規範就可以發表文章，真誠地把文章寫到目前能力和認知的上限，這是自己的課題；至於別人的文章寫得怎樣，網友如何評價，這是對方的課題。

欠債還錢，有借有還，你需不需要這筆錢，你要拿錢做什麼事，

怎麼催別人還錢，是你的課題，至於對方還不還，有什麼難處，不能按時還怎麼辦，這是別人的課題。

如果我因害怕被拒絕、被評價而舉棋不定、備受煎熬、思前想後，純屬我企圖干涉別人的「課題」的咎由自取。

遇到事情，不隨意干涉他人課題，這屬於「關我什麼事」的事，也不被他人干涉自己的課題，這屬於「關別人什麼事」的事。有人在網路新聞裡，一旦當事人沒按自己的意願選擇，感覺都能把自己氣出個毛病來，而自己在現實生活中叫個車，車裡重低音歌曲讓自己心臟不舒服都不好意思跟司機好好說一聲。課題分析很重要，儘管很多事情很難分離，但有了這個意識就是輕盈人生的開始。

我對別人只有微弱的影響力，沒有處決權，我能說自己想說的話，我能做自己想做的事，我能拒絕自己不想做的事，這些都是我的人生課題；別人怎麼說我，怎麼看我，怎麼對我，是別人的課題。我有做自己的權利，也有被拒絕的可能和被討厭的勇氣。

我的課題 （盡量做好）	別人的課題 （盡量忽略）
我感到…… 我說…… 我做……	別人可能感到不解／共鳴 別人可能認同／反對 別人可能表揚／批評
以上不關我的事	以上不關我的事

這四個表格總結了四個降低內耗的思維，讓自己**遇到具體事情再具體分析，引入機率避免想太多，根據先後順序做了加法就要做減法，學會課題分離，做好自己的事，少管別人的事。**這樣做，減少了我八成以上的內耗，把人生調為直爽模式。

06

在十分鐘內，
讓瀕臨失控的情緒好起來

一個人的好情緒，是對自己最大的福報。

一個週末，我帶老公參加線下講座，主題為「父母的情緒」。

老師說，情緒管理很重要。當父母經常對孩子情緒失控時，孩子永遠不會不愛父母，他們只會不愛自己。你的情緒表達怎樣，你孩子的情緒表達也就怎樣。

情緒管理很簡單，就是「三步走」。第一步：察覺情緒來了。第二步：思考怎麼能讓自己感覺變好。第三步：好好溝通，依次表述，我看到／聽到什麼客觀現象；我有什麼感覺；我有什麼期望。

講座的最後，一個聽課的媽媽站起身拿起麥克風，說自己上次聽了老師的課，回家正好碰到「飯做好了，叫孩子吃飯，叫了三遍，孩子還在打遊戲」的對話場景，她決定按老師教的試驗一番。

「寶貝，媽媽看到你在玩遊戲，媽媽大熱天辛苦做飯，你不

僅沒幫忙，而且叫了三遍都不來，媽媽現在感覺生氣，甚至有點心寒，希望你趕緊關掉遊戲，過來吃飯，吃完再玩。」孩子可能也感覺到媽媽的反常，無奈眼睛像被膠水黏在螢幕上，隨意地回答「馬上來」，手指卻還在快速操作手把。

媽媽覺得還是老辦法管用，直接上手，奪走手把，硬性退出，把孩子拽到桌前吃飯，家庭吃飯氛圍很差。

老師回答這位媽媽：「任何一個方法，先嘗試一百次，如果孩子能在過程中有所改變，那麼這就是一個好方法。如果我們現在學不會情緒管理，那麼我們的孩子，將來要撞完很多南牆，花更多的時間和精力去學。」

這兩句話直插我的心窩。

老師領進門，修行在個人。講座結束，行動派的我，飛奔回家，畫起了「加強情緒管理」的思維導圖。我根據自己的情況，將老師短短的講座進行本土化和延展化。

第一步：覺察管理。

首先蒐集負面情緒詞彙，列成清單，貼在冰箱上。

這些詞包括煩躁、惱怒、傷心、鬱悶、急躁、無助……一般會伴隨著生理反應，如呼吸急促，心跳加速，變得不耐煩，翻白眼。頻繁看到約等於頻繁提醒，更能第一時間察覺和識別出負面情緒。

察覺出來後，再想深一步，什麼是導火線，什麼是根本原因。是生孩子的氣，生老公的氣，還是生其他家庭成員的氣？搞清楚主副關係，不要廣泛樹敵。

第二步：悅己管理。

察覺出來後，採用積極的暫停術。比如，時間暫停法，我現在氣急了，給我兩分鐘，我想緩一下。空間暫停法，我先去個洗手間，我想下樓去小區裡面轉轉。

然後，啟動自我關愛的選擇輪：羅列出讓自己心情陰轉晴的方式，對任意項的快捷指數做到心中有數，並且在平時生活中注意積累「怎樣讓自己快速爽起來」的實用素材。

建議在家專門花時間用窮舉法來盤點，然後按照「五感」法來分類。

1. 嗅覺

聞到自己喜歡的味道，據說是最快的冷靜方法。做深呼吸，或瑜伽裡的腹式呼吸。撕開一副中藥護眼貼，聞著中草藥味道清醒一下。

2. 視覺

看幾部搞笑的小影片。桌面上反蓋著沒看完的書，盡量拿起來看，前幾分鐘心亂到看不下去，走神了就把思緒拉回來。打開衣櫃，拿出喜歡的衣服試穿並照鏡子。

3. 聽覺

建立一聽前奏心情就飛揚的拯救歌單。打開收藏夾裡的相聲、笑話集錦。

4. 觸覺

可以練習書法，拿出米字格和田字格，審字，琢磨這個字的結構、重心和軸線，寫幾個字，心亂變得心靜。手機常備小遊戲App，如俄羅斯方塊。拿出眼部按摩器，躺在床上閉著眼睛按摩。

5. 味覺

吃點堅果，咀嚼的秩序感讓人放鬆；吃點瓜子，一粒一粒剝殼，吃的前奏變長，自己會更有耐心。

透過以上五感，爭取讓自己冷靜下來。確實有動用五感也無法轉移注意力的情況，那就調動想像力，在腦子裡想像美好的圖景。

我平時比較喜歡喜劇想像法：想像剛剛遭遇的場景，《六人行》裡有沒有相似的片段。劇中人遇到這樣的場面，羅斯會倒楣成什麼樣，瑞秋會怎麼耍賤，莫妮卡會強迫症上身成什麼樣，菲比有什麼謎之腦迴路，喬伊要多久才能反應過來，錢德會講什麼冷笑話。

或者想像自己躺著做 SPA，師傅如此對你溫柔以待，你幹麼要發火？想像自己被中醫把脈，中醫已經告訴你肝鬱，你幹麼還要動怒？

反正，一輪一輪地讓自己迅速好起來，是我認為情緒管理的重中之重。這些辦法要經常收集並更新，平時就得在自己的情緒菜園裡，栽種豌豆、玉米、向日葵、馬鈴薯等植物。等壞情緒僵屍一步步逼近時，我開始植物大戰僵屍，向日葵產生源源不斷的陽光貨幣，用馬鈴薯抵擋僵屍，用豌豆、玉米射手等攻擊壞情緒僵屍。

先把自己安撫好，不是自私，而是更好地安撫別人。人在快樂且理智的狀態下，才會記得並掌握好溝通的三步走公式。溝通好，反饋好，避免給孩子和家庭成員留下陰影，陰影不是只有孩子難以接受，對成年人的傷害也是核彈級的，也省下了傷害造成以後繁雜的自我修復程序。比如，和他人的解釋、致歉、承諾、重新聯結等工作，說不定一整套做下來，關係還是難以恢復。

第三步：溝通管理。

先白描陳述，我看到／聽到／注意到什麼；再形容感受，我有什麼感覺／感受；最後表期待，我希望你配合我做什麼／要是你怎麼做我就開心了。

負面情緒，是個人需求和情景碰撞的矛盾反差。

試想一個情境：你回到家接到工作電話，需要趕緊處理一項緊急事項。你的個人需求是，你想要安靜無擾的環境，來趕緊處理一下工作。但此時的情景是，孩子迅雷不及掩耳地摔倒，哭得停不下來。個人需求和情景碰撞，你的壞情緒指數級飆升。

心疼，孩子摔到的地方泛紅讓心揪著疼；

煩躁，工作怎麼好死不死地這時出問題；

責怪，老公怎麼連這麼小的孩子都看不住。

幾股力量，一下子讓你的壓力瞬間失控，你邊抱著孩子安撫，邊想找老公火拚，工作還需要趕緊聯繫止損，想把孩子交給老公安撫，孩子哭叫打挺，表示只要你。

考驗你的時候到了，因為你下一秒很容易情緒失控，把情緒管理三步走戰略拋諸腦後了。

你很可能順其自然地被情緒牽著走，打算先把孩子安撫好，看著孩子哭得快停了，忍不住指責老公。老公本來也累也心煩也內疚，在你「老公無用論」的論調下，情緒的小惡魔也越獄出來。隨著你們的爭吵不斷升級，哭停的孩子又開始哭，你試圖找到家裡一個稍微安靜的角落開啟工作。

人在生氣的慣性下，打電話時與合作方交流的態度沒那麼友善，如果對方再把皮球踢回到你這裡，你可能還得和合作方發生口

角，好不容易把工作搞定，回過神來處理家裡的狀況，男人沉默，女人流淚，孩子哭鬧。

一個負能量的人，會拖垮一群人，恨不得單曲循環〈最近比較煩〉，自招人中緊急搶救，喝玫瑰花茶、服用逍遙丸舒緩肝鬱，和老公吵鬧又和好，和孩子道歉又保證，和合作方解釋又補救，各種補丁打下來，平添許多內耗，把自己累得夠嗆。

如果能在孩子哭泣後，馬上進行情緒管理三步走的策略，把孩子帶到房間，抱著安撫他，等他情緒穩定，自己玩玩具或睡著了，你也給自己一個積極的暫停，回憶一下五感情緒恢復法，用盡渾身解數讓自己感覺好起來，出客廳和老公擁抱十幾秒鐘，開句玩笑「打兩個工作電話，回來接著抱」。

老公可能進臥室看看孩子，與人擁抱後產生催產素的你，體內游離著令人感到幸福的荷爾蒙。這時打電話聯繫合作方，理智和狀態雙在線，更可能把問題快速且順利地解決。電腦關閉，手機鎖定螢幕，回臥室，孩子睡了，就和老公抱抱聊聊；孩子醒著，一家人甜膩地卿卿我我。

只要在情景轉折期，注意情緒走向，識別負面情緒，進行三步走策略，就是四兩撥千斤的做法。

情緒管理的一小步，事後彌補的一大步。

父母的好情緒，是孩子最大的福報。心平氣和，不僅對我自己好，而且對孩子好，對配偶好，對家庭好，對工作好，對身體好。

一個人的好情緒，是對自己最大的福報。

07

低內耗的人，「翻篇力」很強

想蓄水就堵住出水口，想前進就別踩剎車板，
想上場就別先絆倒自己，想勝利就不要窩裡鬥。

　　內耗低的人總是相似的，而內耗高的人各有各的「耗點」。

　　「耗點」包括但不僅限於低自尊，高敏感，過度自我關注，看重他人看法，容易被別人的情緒影響，是負面情緒的奴隸，做決定前腦子裡兩個小人在打架，難以容忍別人的缺點，看不慣這也看不慣那，把精力放在不可控的方面，不會拒絕也不情願幫忙，不想發生衝突只好生悶氣，想說的話說不出口，想得太多做得太少，提不起又放不下，沒閒著也沒產出，對待事物永遠不會滿足……任意一條發展嚴重都夠受了，更別提高內耗者往往身兼數條。

　　而低內耗的人都具備「翻篇力」，能迅速消化不快，不會升級不快；能笑著說出來，不會反芻痛苦；能繼續新生活，不會越陷越深。人生總時長有限，吃苦時間多了，享樂時間就少了。會翻篇的

人犯個錯，吸取經驗，舉一反三；吵個架，不翻舊帳，沒隔夜仇。遇到不快、不爽、不順，「翻篇力」越強，內耗越少。

「翻篇力」強的人有天生的，如性格樂觀、不愛計較、鈍感力強；也有後天的，即使掉進過高內耗的深坑，但仍然能迅速察覺，迅速行動，迅速翻篇。

作為一個資深高內耗者，我一直在培養「翻篇力」，我來演示下「翻篇力」如何啟動。

一、迅速察覺

當你感覺累，但累得莫名其妙，事出無因，沒有做類似搬家、運動等重體力活，也沒做類似寫考卷、想方案等明確的腦力活，這種累只能勉強稱為「心累」。

持續疲憊，沒有好轉，就要及時對自己望聞問切。通常愁眉苦臉，眼神無光，無心打扮，呼吸有氣無力，說話長吁短嘆，食欲不佳，睡眠不好，精神恍惚，煩到偏頭痛，氣到血壓高。這些表現提醒自己處於內耗狀態，拉響警報，引起重視，不能聽之任之，讓小內耗演化成大內耗。因為內耗最終會沉澱在身體上，男人內耗久了胸悶氣短，胃部潰瘍；女人內耗久了卵巢囊腫，乳腺增生。你有多內耗，身體全知道。

二、迅速行動

最大的行動要領，就是去做和之前內耗中相反的事情，去想和之前內耗中相反的想法。

開篇的「耗點」，我幾乎逐一親歷。

「低自尊，高敏感」，大學因為室友面露不悅，我開啟言行掃

描模式，我這個獨生子女是不是不好相處了？工作後同事關門聲音重了些，我點擊倒帶按鈕，一幀一幀地檢討剛剛的方案和表達有沒有什麼不妥。

著有《蘿莉塔》的俄裔美國作家弗拉基米爾‧納博科夫說「一個敏感的人永遠都不會是一個殘忍的人」，實際上，敏感的人對自己相當殘忍。

人的自尊和敏感經常出現此消彼長的關係，以前我總盯著自己的「缺點」，總覺得別人也都盯著我的「缺點」，把自己沒說對一句話，沒做好一件事，和別人不一樣，簡單粗暴地歸納為「我不夠好」。

既然低自尊和高敏感讓我不舒服，那我就去做與之相反的事，在變成高自尊、低敏感的過程中，我發現盤點別人的缺點，列舉自己的優點，對鏡子故做加油狀都治標不治本，最有用的方法是長期自律，會讓人從內到外地有底氣。我三十歲以後，工作上得心應手，愛好上寫作出書，自尊的護城河結結實實地建立起來，覺得自己挺好的，看別人也順眼，更加樂於誇人，勇於自嘲。

現在的我想對過去的我說，網路時代，多少人使盡渾身解數，無非想讓人多看兩眼，多一個點擊量都高興壞了，想要別人一直看你，你何德何能？

我以前嘴邊有顆口水痣，看到就彆扭，有個假期鼓起勇氣點掉，假期快結束了，痂還沒完全脫落，內心糾結很久，向主管請假，主管反問：「你哪裡有痣？」等結痂脫落去上班，沒人發現我的改變。我哭笑不得地領悟到，自己主觀放大數倍的東西，別人根本不在乎。

同理，其他「耗點」也可以求解它們的相反數。

「過度自我關注」，那就關注點自我以外的世界。

看看別人的悲歡離合，看看科技的日新月異，看看科幻的星河遼闊，當你看完這些，下次再想悲春傷秋、無病呻吟，起個頭就自覺無趣了。

「看重他人看法」，那就看輕他人看法或看重自己感受。當我看重想法的人，根本不在乎我的感受，而我開始無視對方的看法時，雜念減少會把事做得更漂亮，反而贏得對方尊重。

「容易被別人的情緒影響」，那就試著修練鈍感力，或者友好地和別人設定清楚的界限。

美國精神科醫師茱迪斯・歐洛芙提出「共感人」的概念，共感人擁有極度活躍的神經系統，大腦無法過濾與阻絕刺激，使共感人容易把身邊的正能量和壓力能量同時吸收進體內。聽得出言外之意，接收到沉默傳達出的訊息，遇事先感受再思考，容易受到刺激，需要獨處時間，對光線、聲音、氣味敏感，不喜歡人多的地方，喜歡大自然和安靜的環境。

我是共感人的一員，多年來持續嘗試把自己的神經調粗，但對於親近、在乎的人，還會不受控地敏感，我對自己最好的保護就是設立界限，減少負能量密切接觸者。

「是負面情緒的奴隸」，那就試試成為正面情緒的奴隸。

有一天晚上失眠，反芻不愉快的事和人，鬱悶了兩個小時後，突然意識到始作俑者說不定睡得香甜，假如我要當情緒的奴隸，能不能選個正面情緒做我的奴隸主。經過這個轉折的提醒，我回想近期生活中的好笑事件，老公的糗事、同事的口誤、網路段子都是素材，想著想著竟笑起來，為了不打擾床上熟睡的老公和女兒，只能調小歡笑的動靜。

「做決定前腦子裡兩個小人在打架」，等小人打完架，事都過去了，那就試試讓兩個小人握手言和，先按這個小人的想法去做，再按那個小人的想法去做。有看小人打架的工夫，現實中的困難說不定都被我打敗了。

「難以容忍別人的缺點，看不慣這也看不慣那」，那就試著接受看看，入眼入耳不入心。

「把精力放在不可控的方面」，那就試著放在可控的方面，自己比別人可控，過程比結果可控，認真做好自己當下該做的事。

「不會拒絕也不情願幫忙，不想發生衝突只好生悶氣，想說的話說不出口」，那就嘗試著態度柔和但語氣堅定地表達自己的客觀條件和主觀感受，先表達出來，後續去對合作對象試試專業版的、坦誠版的、自嘲版的，去對親朋好友試試撒嬌版的、幽默版的、嘴甜版的。

「想得太多做得太少」，那就試著想十五分鐘後就動手做。

日立公司前董事長川村隆有十五分鐘內得到結論的習慣，一個人一次集中精神的時間只有十五分鐘。在口譯行業，國際會議或峰會之類的重要場合，翻譯要每隔十五分鐘就更換一次。如果不能在十五分鐘之內得出結論，那麼就算煩惱更久，也無法得出結論。

「提不起又放不下」，就是因為沒提起來過，一直想像，缺乏驗證，在獨角戲中自導自演，當你提起後才真正知道要不要放下。

「沒閒著也沒產出」，那就試試要事第一，做完再玩。

「對待事物永遠不會滿足」時，就用「不可能三角」勸自己調整心態。

2008 年諾貝爾經濟學獎得主，美國經濟學家保羅‧克魯曼根據「不可能三角」理論畫出了具體的圖形。他主張在獨立的貨幣政

策、資本的自由流動、匯率的穩定中，一個國家或地區最多只能選擇兩個，三者不可能同時出現。

這種三元悖論在現實中比比皆是，好工作的「不可能三角」是錢多、事少、離家近；好員工的「不可能三角」是能力強、薪資低、肯加班；好計畫的「不可能三角」是預算低、品質高、動作快；投資的「不可能三角」是收益高、風險低、流動性強；房子的「不可能三角」是價格低、環境好、設備好。世事極少盡如人意，有得有失，感恩所得。

三、迅速翻篇

當我們對內耗及時察覺，準確地提煉，試過正、反兩面的對比狀態並且調整到最佳平衡點後，在趨利避害、趨樂避苦的人性驅使下，聰明的你當然知道怎麼選。

想蓄水就堵住出水口，想前進就別踩剎車板，想上場就別先絆倒自己，想勝利就不要窩裡鬥。

郝思嘉說，明天是新的一天；許巍唱〈每一刻都是嶄新的〉。人生如書，即使這一頁寫滿痛苦，再翻一頁，仍然純白，等待書寫新的篇章。

生活有太多不能自已，但也別內耗自己。

Chapter 2

行 為 提 案

不說硬話，不做軟事

西蒙 · 波娃曾說：男人的極大幸運在於，他，
不論在成年還是在小時候，必須踏上一條極為艱
苦的道路，不過這又是一條最可靠的道路。
我做事的原則就是，從利益出發，它要不要做；
從風險出發，它該不該搏；從能力出發，它該不
該做；從結果出發，它划不划算。而不是別人告
訴我，我對不對。

01

好看很難，長期好看卻簡單

享受到基因紅利、第一眼就驚豔眾生的人，其實並沒有那麼多。

這種造物主的作品，身材、五官、皮膚全部位列中上水準，

外加一兩處點睛之筆，這是一種隨機、殘酷、不受控的幸運。

我們聽過一句話：讓自己好看並不難，難的是長期好看。

這句話乍一聽，好像很有道理，但不要忽略話裡有個隱藏設定，其實它把主語默認為先天外形條件好的女孩。

如果「好看」前面，拿掉「長期」這個修飾語，有可能是年輕時好看，或是突然變好看。

年輕時好看的人，屬於天生麗質。就像《乘風破浪的姐姐》裡的姐姐們，基本都符合「好看且長期好看」。

張柏芝，曾經的顏值攝人心魄，現在的狀態依然能美上熱搜；曾黎，中央戲劇學院明星班公認的班花，現在的樣貌、氣質、身材也統統在線。

但我覺得這類美人，只是人群中的極少數。我曾在地鐵的廣告

裡看到，擁有一張像明星般好看的臉，這樣的人在人群中的機率僅僅為十萬分之一。不知道大家在上小學和國中時，有沒有這樣的經歷，班上有男生給女生做排行榜，把班級女生按好看程度從高到低順序排列。還有美女評選環節，如四大班花、五朵金花、七仙女之類。當時我們這些普通女生，聽聞這些排行或封號，心裡都冒出質問：你以為你是誰啊？

恭喜你，你有一張自律的臉

很多故事裡，同學多年後聚會，當初的班花沒有了往昔的風采，而從前其貌不揚的女孩們，變得越來越迷人。我後來沒有參加過小學或國中的同學會，但**在不同的故事裡，我發現小時候或年輕時不夠驚豔而足夠踏實的女孩，人生軌跡普遍向上。**

這些女孩沒有過早與男生糾纏，沒有過早地迷戀打扮，也沒有過早地放棄學習。當「美商」覺醒後，把從小踏實讀書的力氣，分了一些給外貌、護膚、健身、塑形。

以前和「女神」稱號是平行線的人，現在也開始有點交集了。

這些後天美女，從開始的第一天起，存進好習慣當作本金，一天後產生好習慣的利息，本金和利息又作為第二天的本金，存到第二天的戶頭。周而復始，日夜複利，身處其中的你，可能不知道一場見證時間奇蹟的潛移默化正在悄然進行。

終於在一段時間之後，在一個小有儀式感的場合，如同學聚會或家庭聚會上，大家覺得你變美了，但感覺還是你。達到這種極為成功的效果的，正是每天好像也不是太難的自律和堅持。

享受到基因紅利、第一眼就驚豔眾生的人，其實並沒有那麼

多。這種造物主的作品，身材、五官、皮膚全部位列中上水準，外加一兩處點睛之筆，這是一種隨機、殘酷、不受控的幸運。

如果有幸得到，一定要妥善保存。更多的普通女孩，相貌平平，五官平淡，從小相信學習更重要，氣質更重要，內在美更重要，等長大了，學業和事業大盤漸穩，開始打個外在美的回馬槍，越自律，越美麗。這樣的女生，恭喜你，人家有一張未婚妻的臉，而你有一張自律的臉，自律臉最抗老。

有整容機構分析「耐老臉」和「顯老臉」的區別，由骨相決定，顯年輕的幾個特徵：額頭飽滿，鼓出來的額頭比凹陷的額頭更顯年輕；面部骨骼感不明顯，短寬臉比窄長臉更顯年輕。

如果不把臉當作生產要素，真不必冒著風險動刀動槍。

其實即使骨相絕佳，生活習慣惡劣，一臉滿溢的脂肪，再好的骨相也掛不住超載的肉。

讓自己保持長期好看的微能力

我喜歡並尊重每一個養成系美人。

比如，日本女生「最想變成的面孔」——石原聰美。她的初始存照，膚色不算白皙，五官不夠驚艷，嘴唇過於肉感。

從在普通人中好看，在女明星中普通，再到被評為「最想變成的面孔」這條路上，石原聰美做到了以下兩點：

1. 對變美的好奇心和不斷付諸行動。石原說過最中意自己的下頜線：「要突出這裡的話，必須凸顯胸鎖乳突肌，凸顯這個肌肉的辦法就是鍛鍊背肌。」

2.「永遠不會被拍到醜陋表情瞬間」的表情管理。她那充滿感

染力的笑容，是將「面對鏡子，上排牙齒輕咬下唇；將上唇用力往上拉起，直到露出牙齦為止；再將嘴角用力提起，直到臉頰兩邊肌肉顫抖；接著用力睜大雙眼，保持兩分鐘」這四步，每天練八次以上，重複幾個月才能做到。

實不相瞞，我找個沒人的地方，照著分解步驟做了一遍，兩邊臉頰不斷顫動，有點小累。

與其說這是日本女生最想變成的面孔，不如說這張面孔透露了很多關於變美可以借鑑的方法論。

「累醜」一詞的開創者「我我我不是結結結巴」說過：「男人擺脫外貌焦慮來自集體降格。身材差可以安慰自己中年發福（福是褒義詞），皮膚不好更沒事，因為保養皮膚直接被他們定義成『娘』，共沉淪的好處是大家可以集體放縱，大家都爛等於沒人爛。女人擺脫外貌焦慮的方法是內卷，比同齡人競爭者美，當大家都穿高跟鞋，你不穿就顯矮。」

對於這種「男人集體降格，女人熱衷內卷」，我覺得只是局部。在我看來，有兩類女人可能會在變美上內卷：一是明星或網紅，要豔壓群芳、要搶占「C 位」、要競爭資源，需要職業性內卷；二是不成熟小女孩面對情敵時，誤以為在「好看」裡內卷，就能戰勝情敵。

大部分普通女孩，看到別的女孩漂亮，不是要和她們去競爭；相反，我們更能欣賞，更懂借鑑，更能自律。

很多人變漂亮，身材變好，沒有陷入容貌焦慮，沒有要和誰去比美，也不是擔心沒人透過邋遢的外表看到自己的內心，而是「我只想狀態好到讓自己感到開心」。讓自己保持長期好看，是種了不起的能力。

每天吃夠五種蔬菜，每週吃夠三十種健康食材，八分飽就放下筷子立即擦嘴，每天貼牆站十分鐘，睡前半小時做一下身體拉伸。透過這種「其實意識上注意一點就能做到」的自律，規律作息、修正容貌、調整體態、控制體重、研究穿搭、改變氣質、修身養性，綜上所述帶來的外貌上升期，叫做自律美。

　　長期自律帶來的美，看似漫不經心，卻讓人肅然起敬。沒有好看的超能力，就保持讓自己長期好看的微能力。

02

為了變好看，
要窮養臉蛋，富養習慣

沒有什麼能夠阻擋女生對漂亮的嚮往。

　　網路上有個熱門文章：為了變漂亮，你堅持了哪些好習慣？這個問題有三千多個回答，我沒事就會翻翻看看。

　　其中，涉及護膚品、化妝品、服用的保養品等相關的內容，我都用手指迅速滑過，基本不怎麼看。而涉及飲食、作息、體態等方面的內容，我就會仔細品讀，把覺得有用的內容收藏到電子筆記中，僅僅看過不算完，還要親自去試，看看哪些值得長期堅持。

　　隨著年齡的增長，我越來越深信，為了變漂亮，就得窮養臉蛋，富養習慣。

一、窮養臉蛋

　　我有過瘋狂購買護膚品的歲月，尤其是剛畢業那幾年，把不怎

麼高的薪資大部分花在臉部保養上，吃的喝的擦的用的。

　　那時我成套地買護膚品，用了大概一個月，可能還剩一半，覺得效果未達預期，又把目光轉向其他品牌，看看文案和評論，覺得之前那套沒買對，馬上又去專櫃買套新的，如此循環。

　　在臉上投入很多金錢和精力，卻沒有看到期待的效果，甚至有反效果，這讓我非常沮喪。

　　頻繁地換來換去，皮膚容易水土不服，會間歇性輕微過敏，有點泛紅，皮膚有火辣的灼熱感，感覺臉上總有一顆痘在爆發，還有一顆在醞釀，有時甚至下巴處有小小的顆粒。把皮膚作到這種地步，我不得不選用一些成分簡單的藥妝，膚況稍好一點，可能又是我新一輪作妖的起點。

　　總之，在我富養臉蛋的那些年，從來沒有身邊的朋友誇過我的皮膚，也沒有人問過我用什麼護膚品，完全不帶貨。而在我終於意識到我這張臉就是敬酒不吃吃罰酒，對它再好也是白眼狼時，我放棄了對皮膚熱臉貼冷屁股近乎討好的內耗方式，就用保濕的藥妝或號稱無添加的護膚品。

　　心倦了，淚也乾了，不再折騰了。我已經不太關心網路上流行什麼神奇護膚品，也不在意明星推薦的品牌，下載內容型的 App，再也不把護膚作為自己感興趣的領域了。用完一瓶續上一瓶，基本都是同品牌的同一系列，頂多是換季時換個常用的品牌，不用主打美白、祛斑、去油等功能的產品。

　　我也不學什麼面部按摩的手法，總覺得每次按摩都是在撕扯皮膚，彷彿聽見皮膚流淚的聲音，塗上按摩油可能又會長粉刺。當我不再折騰皮膚之後，皮膚反而給我好臉，身邊終於有朋友誇我皮膚狀態變好，有三、四個朋友還仔細問我用什麼護膚品。

　　有時在現實生活中有點帶貨能力，還是挺開心的。我也見過用很貴的產品，皮膚也挺好的人，但我不是其中一員。這些年，有時收到年終獎金或者稿費，也有過「該給自己買瓶死貴死貴的護膚品」的時刻，但真的開瓶用上後，沒幾天臉上就冒出一兩顆痘。我又用回原先的護膚品，一段時間後，心裡的不甘讓我再次拿出死貴的護膚品來用，依然一兩天後長一兩顆痘，我只能把它們送給感興趣的同事。早就對那些用了某款護膚品，第二天起來皮膚發光的說詞免疫了，對我來說，護膚品做到維持穩定和保濕已經不錯了。

二、富養習慣

　　雖然我長相普通，但也追求好看，既然精力在臉上無處發揮，不如投注到好習慣的建設上。我總結過身邊看上去狀態比實際年齡好得多的女人們，生活習慣相對比較好。

　　一個我聽說她的年紀後忍不住驚訝的女同事，她臉上和身上緊緻的線條，是由於多年的游泳習慣塑造的，聽說她從小練習游泳，工作這一、二十年，每週也要游個兩三次。

　　我們部門一個四十多歲的美女，生了一男一女，但身材樣貌都很讓年輕女孩們羨慕，她每個工作日中午都要去上一堂拉丁舞課。

　　我記得懷孕後聽協和醫師的線上課，說到預防妊娠紋的問題，老師說最好的預防是控制體重。

　　有了適合自己的產品，當然是如虎添翼，但是好習慣才是變漂亮的基礎。

　　再貴的眼霜可能也無法修復你長期熬夜的眼周，再新的抗糖化面霜也會敗給你愛吃甜品的口味，再黑科技的按摩儀可能也無法拯救你懶得運動的血液循環。

作息規律，飲食科學，堅持運動，情緒穩健，這四大護法好習慣，讓你在削減護膚品、化妝品投入的同時，也能擁有好於平均線很多的顏值、身材和狀態。

　　以下重點提及三個我最近感觸頗深的好習慣。

一、口味清淡

　　要臉小，嘴要淡。對我這種面龐不嬌小的人來說，重口味一段時間後，臉真的能膨脹一圈。

　　有段時間，我婆婆做飯給我吃，她做飯鹽放得多，老公一家人臉部骨架都小，可能沒什麼感覺。

　　說實話，味道重的飯菜確實比較香，但我吃完以後總想喝水。後來我發現，起床後我的眼睛在睜開時似乎更有阻力，臉上也有點浮腫，綜合來說就是臉大了。

　　人們很難去改變別人的習慣，所以我就少吃一點菜，浮腫的狀況會好一些。我也覺得永遠吃沒什麼味道的飯菜，會失去一部分生而為人的快樂，偶爾吃頓重口味的沒什麼大不了，只是平時基礎的飲食習慣要清淡，這樣偶爾重口味幾頓，也無傷大雅。

　　除了吃的，還有喝的，我的經驗是少喝飲料。曾經失眠的我對咖啡、茶都敬而遠之，有一次喝了奶茶，心跳加速到心慌，這些身體反應自動把我勸退。如果平時吃吃喝喝經常重口味，那麼口舌生瘡、膚髮油膩會是常態。

二、適合自己

　　現在是個資訊泛濫的時代，面臨海量的說法，一定要提高鑑別能力。

　　我上大學時長痘，就是看到雜誌上說生薑蜂蜜水養顏，猛喝一段時間，顏是沒養住，容卻毀掉了。我那時就有深刻的領悟，任何養顏方法，在親測之前，一定要瞭解自己，不要盲目照搬，注意測評期的微小改變，循序漸進。

　　美妝部落客推薦的眼霜可能讓你冒脂肪粒，時尚達人推薦的面膜可能讓你臉上過敏，適合別人的未必適合自己。

　　有些人說一天一杯蜂蜜水或者淡鹽水，其實也不是每個人都適用，如果你本身血糖或血壓有問題，就不能每天這麼做。就算主打健康和美容的飲品，我也覺得不要天天喝，我平時就是喝溫開水，大約十五分鐘抿一口，不要渴了一頓暴喝，牛奶、果汁、花茶等，根據自己的身體情況，設置合適的頻率。

三、體態要好

　　我這幾個月在上瑜伽課，被老師的一句話洗腦了：「肩膀下沉，讓肩膀遠離你的耳朵。」這句話簡直成了我站立行走的 BGM（背景音樂）。疫情期間我們上雙向視訊課，大的窗口顯示老師的標準動作，右下角小窗口顯示自己的動作，其實在做瑜伽動作的時候，很容易就會聳肩和弓背，老師提醒，馬上可以矯正。

　　對體態來說，我覺得重中之重就是沉肩，只要肩膀往下沉，脖子就顯得修長，鎖骨會像水平線般優美。堅持沉肩，久而久之，背部會變薄，脖頸更修長。

　　人群中的體態屬於正態分布，體態一般的人占大多數，很可能包括你我，偶爾有人呈現出挺拔感，就覺得非常優雅。

　　沒有什麼能夠阻擋女生對漂亮的嚮往。為了變好看，窮養臉蛋，富養習慣，我覺得這是不可本末倒置的方式。

03

哪些穿衣要點，能讓氣質翻倍

把衣服一件一件地拿在手裡觸碰，感受它是否能夠讓自己心動。

留下心動的，丟掉不心動的，這是簡單又正確的判斷方法。

整理衣服時，問問自己以後還想再穿嗎？

如果答案是否定的，那就斷捨離吧。

最近在思考一個問題，我定居大連七年了，這座城市在哪些方面重塑了我？如果畢業後工作了四年的深圳是我的職業培訓所，我希望大連成為我的時尚啟蒙師。

「浪漫之都，時尚大連」是大連街頭巷尾的口號，剛到這裡時，我發現這裡的人們，身材高駣，衣著體面，善於打扮。街上隨處可見行走的衣服架子，既有氣質，又有氣場。

村上春樹說午睡讓一天彷彿變成了兩天，而我生完孩子後也感覺一生變成了兩世，心裡期待活出不同的自我。

我以前不太注重穿衣和化妝這類外在功夫，把更多精力投放在鑽研與執行內調和學識上。後來發生過多次因為自己氣色不佳、穿著隨意，而被人頻繁地詢問「發生什麼事了」、「遇到什麼困難」，

而我也會更容易進入訴苦、自憐的內耗盤絲洞，不僅沒有改變我的處境，而且浪費了我改變處境的時間，於是我打算花時間改變穿搭，改善形象，即使有點愁雲慘淡，好的形象也會借我向上的精神氣：更少自我懷疑，更多自信陽光。

斷捨離後，打造令自己心動的衣櫥。

前段時間，我看梅伊‧馬斯克的自傳《女人的計畫》，書裡講到她如何找到正確的穿衣風格。

她原以為自己穿搭很有一套，後來被形象設計師朋友茱莉亞點醒。「茱莉亞到了我家，對我衣櫥裡的衣服進行了逐一檢查，在勉強留下幾件之後，她扔掉了我其餘的衣物，她說現在你必須去買一套西裝，兩件襯衫，一雙鞋和一個包。當我第一次穿著那套剪裁合身、布料精美的衣服時，我的確感受到了一種前所未有的自信。」

在產假結束前，我重新審視衣櫥。

把衣服一件一件地拿在手裡觸碰，感受它是否能夠讓自己心動。留下心動的，丟掉不心動的，這是簡單又正確的判斷方法。

整理衣服時，問問自己以後還想再穿嗎？如果答案是否定的，那就斷捨離吧。不要覺得放棄可惜，就當家居服穿，家居服是穿給自己以及最親的人看的，更該換上喜歡的衣服，讓自己心情愉悅。

按照「是否讓自己心動」的標準，那些完成使命的月子服，鬆垮變形的高領 T 恤，印有側花的牛仔褲，還有設計感過強、品質和做工偏弱的網紅衣服，應該離開衣櫥了。

人生有捨才有得，衣服更是。

選擇衣服，是對自我的一次小型探索。

蔣勳說，服裝是一門大學問，需要花一點心血去瞭解自己適合什麼樣的顏色，什麼樣的造型和體態與什麼樣的服裝搭配在一起是最對的，這才是衣服的美感。

當我對衣服逐一審視後，歸納出被我掃地出門的衣服，主要有兩類：第一類是特別喜歡的，穿到衣服變形；第二類是特別不喜歡的，穿過幾次就厭棄。

對於第一類，遺憾是不夠珍惜；

對於第二類，遺憾是不會消費。

第二類衣服大多數是網上買的，看模特穿著好看，但拿到手後，布料、質感和版型都不如預期。我常在購物節的優惠力度下，買一些不該買的衣服。2021 年雙十一之前，我理性做功課，定位自己目前的特質和期望的特質，尋找兩者之間的實現路徑。不整理我都沒發現，雖然我上班有專門的正裝，但在私服領域，襯衫和運動裝實在過多了。風格過於雷同，款式追求舒適，衣櫥已經暗示我一直待在舒適圈，對新自我缺乏開發的激情。

眼前幻化出一張穿衣地圖，根據自己目前的形象 —— 皮膚白，面部稜角明顯，體重雖已恢復到孕前，但不夠緊緻有力，我的穿衣方向是：清爽、溫馨、俐落、擴大舒適圈。

基本色系的衣服，由於黑、灰和藏青偏多，於是把駝色加入購物車；

點綴色系的衣服，由於藍、紫和深綠已有，於是把藕色作為試用裝。

還新購入抬氣色的絲巾，漸層色的圍巾，更加青睞版型挺闊的剪裁。線下試衣能精準購衣率，但疫情和帶娃讓我更多選擇線上購物。

生完孩子後，身體已經發生改變，我以前買內衣，一直複購相同的尺碼。這次我購買之前，拿出皮尺，量出大小，進行測算，才選擇尺碼，於是買到了讓我驚喜的衣服。衣服一定要在懂得自己基底的情況下，適合自己，展現自己，延伸自己。

善待衣物，普通衣服也能穿出品牌感。

對比我和老公，我的置裝費比他高得多，但他的衣服穿出來比我更有品牌感。他每次把洗衣機裡七成乾的衣服拿到陽臺晾曬的時候，都會用力把衣服拉平整。

衣服曬好收進衣櫃，連一件三十元的打折 T 恤，都用小衣架掛起來，按照色系放進衣櫃。秋冬穿的大件衣物，回家換上家居服後，用黏毛滾輪滾過幾遍後，掛在陽臺的衣架上。

鞋子不會喜歡哪雙就一直穿，再愛的聯名款穿了一天，回家就擦乾淨，至少隔一天再穿。對於我家的掛熨機、衣服除毛器、黏毛滾輪等護衣用具，他使用的頻率比我高得多。

我有時過於追求效率，曬衣急匆匆，吃飯急匆匆，衣服有皺摺、油漬的情況常發生。衣服只要有皺摺、油漬、毛髮、頭屑，價格再貴也自帶地攤感。

我有一次聽一位空姐提到，出門之前問自己六個問題：

（1）衣服乾淨嗎？

（2）衣服是否皺巴巴的？

（3）有沒有露太多？

（4）衣服上有毛髮、線頭、寵物毛嗎？

（5）鞋子髒不髒，舊不舊，有磨損嗎？

（6）衣服合身嗎？胸前有沒有被撐開？

聽到此處時，我想起我的一個好朋友，我和她認識很久之後，才知道她家養著一隻黃金獵犬、一隻貴賓狗和一隻貓。但我每次看到她，她身上都完全沒有寵物毛髮，也沒有寵物氣味。

善待衣服的另一個前提是需要自己體態良好，肩膀內扣的挺起來，彎腰駝背的改過來，穿圓領衣服，更要把脖子遠離肩膀。

亭亭玉立的你，身高會拔高，氣質會翻倍，心態會強悍。身體鍛鍊，體態訓練，穿搭研究，這些都是搭配衣服的法寶。

如果一個人能做到每天用心穿衣，將自己的個性和想法用整潔的衣服表達出來，是對自己的修行，也是對生活的熱愛。

正如阿圖洛‧貝雷茲一雷維特在《南方女王》裡說，衣服能襯托出一個人的精神、個性、權力。

04

我當然不建議戒掉容貌焦慮

焦慮不全然是壞事，

它是一個提示符號，告訴你人生路上，

與其臨淵羨魚，不如退而結網，升級自己的能力池。

近年來，很多人旗幟鮮明地聲討容貌焦慮。

我原本以自己有容貌焦慮為榮，點進文章一看，發現我認為的容貌焦慮，和別人說的容貌焦慮，壓根不是一回事。

有些整形行業，自詡拿到容貌的定義權。熱巴鼻、錐子臉、歐式雙眼皮、冷白皮、精靈耳……有這種容貌焦慮的，敢問其他部位已經無懈可擊到要去橫跨民族、跨越人種，甚至超越人類了嗎？

還有些文化界的男性，也自詡擁有容貌的解釋權。李敖說美人要高瘦白秀幼，但我覺得男方中有人喜歡高瘦白秀幼，女方中也有人喜歡潘驢鄧小閒，希望兩者順利相遇。

對於容貌焦慮，我的看法基本就是以下三項：

一、容貌焦慮，自己有自己的，別去評判別人

你拿容貌去攻擊別人，別人可能拿能力來碾壓你，陷入單一優勢中沾沾自喜，是一種短視行為。

二、很多事情不能「一刀切」，容貌焦慮也有優劣之分

優質的容貌焦慮，建立在自己的健康、審美和生活方式上，而且會把焦慮轉化為良性行為；劣質的容貌焦慮來源於商家怎麼說、網紅怎麼做，淪為待割的「韭菜」，反而陷入加強版的焦慮中。

三、不要做因為不要容貌焦慮，就連容貌也不要的傻事

我不欣賞一些人叫囂著不要容貌焦慮，自己卻在健身房猛練習，在美容院猛打扮，這算不算一種自我精進卻麻痺別人的行為？

對我而言，每次容貌焦慮，都會讓自己內外兼修到上一個臺階，摩拳擦掌地防禦或攻打自由基，如避免壓力大、紫外線、二手菸、甜食等，讓自己生活精緻、飲食健康、作息規律、情緒良好。**在我眼裡，美貌只是健康的附屬物之一。**

我的審美觀點早就固定下來了，那就是以健康打底，身材勻稱，輪廓清晰，皮膚光潔，毛髮旺盛，有點肌肉，眼睛放光，那種每個毛孔都透露著蓬勃生命力和滿滿求知欲的美感，我見一次愛一次。

我之所以產生容貌焦慮，一般是看著體檢報告上的數據，產生「早知道我就應該」式的懺悔，看著鏡子裡的自己，產生捏捏這裡掐掐那裡的沮喪。

大衛像美就美在，在一團石頭裡，把多餘的東西去掉。人也是美就美在，在日常生活裡，把負面誘惑帶來的生活方式、環境和壞

情緒對人類身體的傷害，最大限度地降低。

每隔幾年，我的容貌焦慮就會爆發一次。

最近一次是生完孩子後，那是一種由遠及近的廣泛打擊。

從遠處看，身材大了一圈，腰臀部又大又鬆，走近一點，頭髮少了很多，白頭髮多了不少，對著鏡子勉強微笑，牙齒正面還湊合，背面沒辦法看。

我懷孕初期，反應較大，刷牙容易噁心，沒刷幾下就對著水槽吐，重複幾次以後，對刷牙心生畏懼，沒有好好刷牙，一段時間後，下牙的牙縫間長出牙結石。等生完孩子，哺乳期過後，我就開始磨刀霍霍向牙結石，在網上看洗牙科普文章，看看洗牙正反方過來人的體驗和看法。決定去洗牙後，選擇醫院，驗血、拍Ｘ光、潔牙，每週找醫師上一次藥，然後早晚堅持用貝氏刷牙法指導自己刷牙。

生完孩子後，我計劃在一年之內，恢復到孕前體重，在飲食基本不變的情況下，在充分評估以後，從產後瑜伽過渡成綜合瑜伽，下班後一旦有人帶娃，我就飛奔去練瑜伽。

備孕期，我鎖骨下方長了顆痘，我當時亂擠，也沒擠乾淨，後來懷孕期和哺乳期不敢輕舉妄動，等產後八、九個月，我去看皮膚科。醫師跟我說已經變成疤痕，需要在疤痕上扎針，並且照光，每週一次，六次是一個療程。我扎針並照光六次後，找醫師複查，已經不需要扎針和照光，可以在網上買點除疤凝膠塗抹，如果增大增厚再複診。於是我日常抹藥，定期觀察，疤痕早已變平，只是顏色還有點淡紅，不細看也看不出來。

產後一年不到，我的容貌焦慮已經平復了。這些實踐心得告訴我：**只有去做正確的行為，才是對抗焦慮的良藥。**

下面介紹我擺平容貌焦慮的常備武器——變美甘特圖。說到甘特圖，我很早就接觸過。我的主管經常用甘特圖虐我，我逐漸產生「斯德哥爾摩症候群」，並應用在自己的自律生活中。

變美甘特圖			2021 年 ×月																													
			執行				梁爽										★ 功課		◎ 探索		△ 落實		◇ 超標									
類別	內容	備註	1	2	3	4	5	6	7	8	9	10	11	12	13	14	15	16	17	18	19	20	21	22	23	24	25	26	27	28	29	30	31
疤痕淡化	扎針	每月一次，避開生理期	★	★			△														△								△				△	
	照光	每週一次												△							△							△					△
	塗藥	每天一次	△	△	△	△	△	△	△	△	△	△	△	△	△	△	△	△	△	△	△	△	△	△	△	△	△	△	△	△	△	△	△
身材恢復	瘦小腿	拉筋板、泡沫軸、筋膜刀、足部按摩器	★	◎							△		△	△	△	◇			△			△		△				△				△	
	瑜伽	阿斯湯加瑜伽、流瑜伽、理療瑜伽											◎	△	△	△																	
	體態	肩頸脊柱流、開肩開胯流、貼牆站											◎	△	△	△																	
	儀器	研究 icoone 燃脂緊膚的作用和副作用	★																														
牙齒	洗牙	EMS 潔牙	★								★		★	△																			
	上藥	緩解牙周炎												△							△							△					

在身邊，在我的讀者群裡，總是有各種討論聲，為什麼我超重太多，為什麼我長痘不斷，為什麼我掉髮不停？聽多了以後，我甚至懷疑她們是不是打心眼裡真的想要改變。因為我有個信念，**但凡真的想改變，肯定能改變，至少能改善。**

而且我盡到努力，也更坦然地接受結果，打個響指，然後把目光轉到其他方面。

我有一個朋友，有一個階段長了幾顆痘，就開始焦慮，於是人家硬生生把網路科普、中醫說法都研究了一遍，甚至去書店找到皮膚科醫用教材來學習。後來她的皮膚比長痘之前好太多了，因為在這個過程中，躍遷了理論，糾正了錯誤，知其然也知其所以然，為皮膚乃至身體的健康美觀打好根基。

其實大部分人的容貌，比上不足，比下有餘，但有一些人產生了優質的容貌焦慮，他們制定方案，研究功課，逐步實踐，總結迭代。

　　這類人把容貌焦慮當幫手，變得形象美、氣質佳；把口才焦慮當幫手，變得更加能説會道；把工作焦慮當幫手，變成獨當一面的業務小能手。

　　焦慮不全然是壞事，它是一個提示符號，告訴你人生路上，與其臨淵羨魚，不如退而結網，升級自己的能力池。

　　我看小説時，會克制自己沉浸在情節中，不做讀書筆記，但村上春樹在《1Q84》裡的一段話，讓我破功：「她永遠注意儀容整潔，動員體內全部力氣保持挺拔端正的姿勢，收斂表情，努力不洩露一絲衰老的跡象。這樣的努力總是收到令人刮目相看的成果。」

　　願你的容貌焦慮，最後取得令自己刮目相看的成果。

05

女人賺錢就是硬道理

西蒙 · 波娃曾說：男人的極大幸運在於，

他，不論在成年還是在小時候，必須踏上一條極為艱苦的道路，

不過這又是一條最可靠的道路。

很少有放之四海而皆準的普世真理，除了「發展就是硬道理」。

大到對人類、對國家，中到對企業、對家庭，小到對男人、對女人，都很適用。

但可能由於舊思想的影響，身邊人的鼓勵，社會上的誘惑，一些女人抱有「在家靠父母，嫁人靠老公，將來靠孩子」的危險思想，把自己的賺錢能力給耽誤了。

我想提醒女性朋友們聽到以下三句話要心懷警惕，因為它們可能成為你賺錢路上的絆腳石。

單身時：自尋辛苦幹什麼，嫁得好是第二次投胎。

我贊成參差百態乃幸福之本源，可是對於經濟無法自治、持續

對別人掌心向上的女孩，我覺得這種「幸福」脆弱且易碎。

嫁得好當然好，但嫁得好不好，需要用很長的時間維度來衡量，甚至是直到蓋棺才能論定，人、事和關係都在發生變化，隨機選取一個橫切面，只能得出片面的結論。

不如多年後回頭看，只怕到那時，做得好的最不濟也就是擔心奮鬥成果無人分享，而做不好的就各有各的不幸了，如人財兩空，貧賤夫妻百事哀，不足為外人道也的妥協讓步等等。

曾經一位家庭主婦向我訴苦，公婆在老家資助一個上國中的孩子，老公定期給孩子匯錢，金額大到把她氣得內分泌失調；一位自詡嫁給有錢人的女同事時常炫富秀恩愛，有一次部門同事家人突發重症，情急之下向她借錢，她支支吾吾解釋，家裡錢都是婆婆在管，自己沒什麼話語權，之後就減少了炫富。

父母是有錢人，公婆是富大款，老公是創業新貴，無疑是運氣大禮包，但都不如自己擁有隨時能兌換貨幣的工作能力靠得住。自己好，才是真的好。

日新月異的今天，連電腦軟體、手機 App 都不斷換代更新，不下點補丁，不經常升級，自己與社會的議價權會被慢慢蠶食。

啃下年度銷售任務、為公司盈利添磚加瓦、自創文案刷新點擊紀錄，見證每分付出轉化為生產力，那種踏實感和成就感，讓人神采飛揚、心生喜悅。

結婚後：女人賺錢比老公多，覺得心理不平衡。

有個讀者跟我抱怨她賺錢比老公多，心理不平衡。

在我看來，如果我賺錢少，我才心理不平衡，自己賺錢多，高興還來不及，有什麼不平衡的？

85

換個角度想想：

一是，如果你老公的薪資維持不變，而你賺得比你老公少了，你們的家庭整體收入減少後，你會更開心嗎？

二是，如果你的薪資維持不變，你老公賺得比你多，你回家晚，你老公回家更晚；你覺得累，你老公覺得更累，你會更開心嗎？

三是，如果你老公賺得比你多，他提供物質價值時，希望你提供更多情緒價值，你回到家如果還要再受氣，應該更沮喪吧？

四是，如果你老公確實不好好工作，也不顧家，就算你在工作上和家裡付出再多，他不求上進還習以為常，那賺得更多的你，也更有選擇的本錢和自由，不是嗎？

美國有一份研究報告，在十八至二十八歲結婚或同居超過一年的伴侶中，當女性的收入是男性收入 3/4 的時候，伴侶關係中的男性最不容易出軌。

男人有錢，男人容易變壞；女人有錢，男人容易出軌，敢情女人賺多賺少都不對。

賺錢不易，你賺得不爽，還有很多人想去賺。

很多人心存偏見，覺得男人賺錢養家，女人貌美如花，男人應該比女人賺得多，男人養女人是理所應當，女人養男人就是挑戰傳統。

根據網路的一項調查，僅不到 50% 的家庭，老公收入明顯比老婆多，有 22% 的家庭男女收入相當，更有 35% 的家庭，老婆賺得比老公多。以後很可能有越來越多的家庭，老婆賺得比老公多。

正如中山大學的郭巍青教授說的：現代職場更適合女性，因為已經不太需要體力，人們更需要的是會溝通協作的人，女性在溝通能力和抗壓能力上確實比男性更勝一籌，而且反應更加積極。

　　拿我的家庭來說，我和老公的收入像翹翹板，不是我高就是他高，其間我們的感情和關係，沒有隨著收入的高低而發生變化。我們都認真工作，能力穩步提升，收入受到所處行業環境、風口時運的影響，我們不是競爭關係，而是合作關係，錢不好賺，誰多賺點，對我們的家都是好事。

　　我寫作後，收入更高，但我始終沒有因此而膨脹，覺得對家庭貢獻更大，不尊重對方的工作，把自己的辛苦和脾氣發洩在對方身上。我沉浸在愛好和提升中時，他承擔了更多家務，每次幫我揉揉肩、倒杯水，我都能體會到他對我的心疼和支持。

　　說句實在話，寫作帶來的收入增長和能力躍升，是誰也拿不走的實力，對我而言受益最大。而且我多賺到的錢，他是我最想要一起分享的人。

　　好的婚姻要談錢，但總在談錢的婚姻好不到哪裡去。我希望我們出門去賺帳單，回到家寫情書。

　　生娃後：女人不管賺多賺少，一定要有份工作。

　　我有一個朋友產後第三年重返職場，她說「女人不管賺多賺少，一定要有份工作」時，我一聽就不贊同，孩子在特定時期特別需要陪伴，但孩子一生都需要錢陪伴。

　　同樣八小時，為什麼允許自己賺得少？能創造更多價值為什麼要藏著掖著？

　　提高工作時間的變現能力，關係到生活舒適度和選擇自由度。

　　再說這麼妄自菲薄的話，充滿了對工作的不尊重，僅把職業生涯發展當消遣。面試時起跑線大致相同的同事，時間一久呈現出「分水嶺」。

有人在分內事上下游代入思考，多瞭解公司橫向縱向的業務，在歸檔查單據時發現被人忽略的漏洞，在與客戶談判前多做功課拿下大單，對人人避之的「老問題」尋找解決方案。

而你卻趁著老闆不注意打開電商平臺把商品加入購物車，約著閒散同事去廁所一閒聊就是大半天，接到不屬於自己服務範圍的電話匆匆掛斷，主管分配工作時總有一千個推託的理由。於是，你最終眼睜睜地做了別人的下屬，眼紅別人比你多一個零的獎金。

早年我向一位生娃都沒有放緩晉升速度的上司探聽升職祕訣，她的答案是：**心無旁騖地專心工作。規定的工作量做完後深挖內功，閱研行業相關的政府文件，帶著具體問題請教資深老前輩，去行業論壇學習案例，開大會前去其他樓層的洗手間對著鏡子把發言稿練習幾遍……**

別人談股票、講八卦、話家常時她像做了消音處理，主管問工作，別人沉默了，反而是她陳述點評提建議的秀場。

賺錢不僅限於本職工作的開拓進取，還可以是利用愛好和特長增加斜槓身分，擅長繪畫的調度員業餘靠著接案作畫增加創作收入，熱愛看書的客服人員下班憑藉寫文章賺外快。

用自己賺的錢給自己更舒適、更舒心的生活，不用仰人鼻息、看人臉色，自然落落大方、氣定神閒。而貧窮女孩更容易暴露嫉妒、自私、狹隘等負面心理。

賺錢的底層邏輯是用所得的薪水來解決生活的麻煩。

西蒙·波娃曾說：男人的極大幸運在於，他，不論在成年還是在小時候，必須踏上一條極為艱苦的道路，不過這又是一條最可靠的道路；女人的不幸則在於被幾乎不可抗拒的誘惑包圍著，每一種事物都在誘使她走容易走的道路；她不是被要求奮發向上，走自己的路，

而是聽說只要滑下去，就可以到達極樂的天堂。當她發覺自己被海市蜃樓愚弄時，已經為時太晚，她的力量在失敗的冒險中已被耗盡。

女人在單身、婚後和產後，在不透支身體的基礎上提高賺錢能力，在人生路上勇往直前，搖曳生姿。

為什麼我建議
女生在順境時談戀愛

一個女人的自信之路，

往往由自己做自己的蓋世英雄的經歷鋪陳而成。

雖然我給自己定位為勵志部落客，但還是經常被問到情感問題。

不少讀者來倒苦水或求開解，我歸納過六成以上的問題屬於情感題，從對方描述的男朋友或老公來看，遊戲玩得天昏地暗，麻將打得夜以繼日，脾氣差得逢火必爆，不顧家，不顧妻，不顧兒⋯⋯

我也不確定讀者的描述是否客觀，後來我會向讀者追問，這個男人這麼不好，當初他是怎麼走進你心裡的？

我得到的答案通常是：

他撩我的時候，正好是我最寂寞、最空虛、最迷茫的時候。

他追我的時候，我家裡正好遇到事情，身邊沒有說話的人。

我當時剛和前男友分手，家裡撮合，就和現任閃婚了。

當類似的答案越來越雷同的時候，我漸漸得出一個結論：女生，還是在順境的時候談戀愛吧。

順境時談戀愛，像吃菜，會找自己喜歡的口味，而且享受到美味。

逆境時談戀愛，像吃藥，顧不上口味，馬上緩解當下的痛苦就行。

女人在失意迷惘時，走進她世界裡的男人，可能是她在正常情況下不會青睞的類型。

在你「虛」時闖進你生活的男人，安慰你，陪伴你，給你提供情緒價值。

那時你眼中只有你自己的弱小和他的強大，你像抓到繩索一樣，把拯救者的標籤貼在對方腦門上。

等你走出困境，恢復正常後，漸漸發現他的弱小和自己的強大，但有了情感，放下談何容易。

人的身體在免疫力低下時，最容易受到病毒的侵襲，抵抗力正常的情況下，各種吞噬細胞早就把病毒搞定。

在正常情況下，你能迅速分辨渣男，玩什麼老手段，打什麼心理戰，不吃這一套。

可偏偏就在你免疫力低的時候，時刻需要他的陪伴，他那「若即若離」的招式才有展示的空間；時刻需要他的安慰，他那「口蜜腹劍」的武功才有發揮的機會。

你忙著自己建設事業，開闊眼界，充實皮囊的時候，大家都是忙裡抽閒見個面，也就自動屏蔽了他的招數。

我慶幸在自己單身時，人生低潮自己死扛，這似乎幫了我，讓我在之後擁有了一條簡單而順利的感情路。

我單身時，遇到較為黑暗的時光，可能是我高考失利，離開家鄉，首次住校，我記得第一次班會，很多女生精心打扮一番，我直接穿著拖鞋，根本沒心思打扮。

我在不如意的時候，眼睛是內觀的，我一直反思自己以前做錯了什麼，現在的報應是什麼，我該怎麼做來改變我不想要的狀態。

我像周星馳的電影《功夫》裡面的星爺一樣，受傷了，自己鑽進十字路口路燈上的一個箱子裡，朝著箱壁瘋狂揮拳排毒，閉關療傷，然後排出毒素一身輕鬆地走出來。

我大學的輔導員，在我大四時說，為什麼以前沒有發現我的各種能力，感慨我大學進步挺大。其實他所說的那些能力，也不是之前就沒有。

我跟很多人相反，很多人一進入大學，就參加社團，表現自己。我是大三、大四時才開始發力，針對研究課題進行前期作業，申請經費，聯繫實習。輔導員甚至希望我跟學弟、學妹們分享經驗。

大一、大二時，我心中鬱悶，哪有心思對外。

我要發洩，所以選擇跑步，我覺得出汗比找人傾訴舒服多了；我不得志，所以看各種傳記，比起別人的痛苦和磨難，我這都是小事。

沒有人理解我，未來能見度低，只能天助自助者，我記得我那時每個月看二至四遍《刺激1995》。

只有我自己滿意自己，感覺一切都朝著我想去的方向前進時，**我才會稍微放鬆下來，展現出自己本來的狀態。**

後來和我結為夫妻的人，也有過一段失落的經歷，那時他沒有瞎談戀愛，渾渾噩噩度日。他也在聽我當時聽的搖滾，看我當時看

的電影。

我不是說人就一定要獨自死扛困難，我結婚後，有一次我媽生病，我很崩潰，我老公甚至說放下這座城市的一切，去我老家省會工作生活，方便照顧我媽，這種患難見真情的恩情，我一輩子都記得。

我也不是說在自己有困難時來幫你的人一定不能發展感情，即便脆弱一時，度過難關後也要迅速清醒，問天問地問自己是不是真心愛對方，這是對人對己的負責之舉。

我有個高中同學，博覽群書，思想冷酷，她離婚時都沒難過多久，但我見過她之前跟大學初戀分手後，那種身心潰散、意志潰敗、滿臉長痘、身材發胖的樣子。

我見過她前男友，三個人一起吃過飯，其實我不太明白為什麼同學會看上這個不知哪裡好的男人。

後來我瞭解到，我這個同學大一時，母親車禍去世，對她造成了嚴重的打擊，她那時胸口長了不小的纖維瘤，是短時間內情緒急劇變化造成的。

她的前男友陪著她走過來，安慰她，所以她對他的期待和依賴可想而知。

後來前男友欺騙她，一邊和她在一起，一邊找了別的女朋友。

我覺得有時候你愛的和愛你的人，變心後就已經不再是當初那個你愛的和愛你的人了。

我剛畢業找工作的時候，為了省錢，去住過那種大學生求職公寓，看廣告上描述得很好，到那裡一看，就是小區裡三房一廳的房

子，我住的那個次臥，硬生生擺了三個上下鋪的床，六個女生住。

白天大家都分頭去找工作，我發現睡我下鋪的女孩沒有求職者的感覺，懶懶散散，我們起床她還在睡，經常感覺在房子裡卻不在屋裡。

後來同屋一個比我住得久的女孩告訴我，這個女孩也沒錢繳房租，工作也沒有找到，沒有堅持找，在屋裡待著心情不好，房東安慰鼓勵幾句，就慢慢和房東曖昧上了，兩個人可能也不是正經的男女朋友，反正女孩不用繳房租了。

當時我聽到就炸了，省下這麼便宜的房租，就把房東這個以正常眼光來看缺少吸引力的「豆芽男」當作蓋世英雄。

別因為暫時的困難，一點小挫折就把持不住。

其實大部分困難，只是披著困難的外套，你若勇敢面對，見招拆招，沒那麼難的。一個女人的自信之路，往往由自己做自己的蓋世英雄的經歷鋪陳而成。

一個女人的整個人生，總會經歷或長或短的黯然歲月。

不要在一點小困難面前，就覺得自己不行，得有人拉自己一把。如果小挫折你自己都熬不過，以後大挫折來了怎麼辦？

不排除有心有力有愛的人幫你扛過去，但對方遇到挫折時，你能幫忙嗎？萬一你人生末了，他先撒手而去呢？

自己做自己的軍師、探子、信差、士兵，一個人就是一個救援部隊，把自己這個暫時落難的公主英勇地營救出來。

07

致靈魂有濕氣的女孩：
不說硬話，不做軟事

我做事的原則就是，

從利益出發，它要不要做；從風險出發，它該不該搏；

從能力出發，它該不該做；從結果出發，它划不划算。

而不是別人告訴我，我對不對。

2017 年，我媽媽檢查出卵巢癌。

剛開始，我責怪上天，怎麼捨得讓這麼一個善解人意、溫柔體貼的人，遭此劫難。

後來我發現，過度地善解人意，溫柔體貼，對別人來說是優點，對自己來說是缺點。

在乎別人的情緒，讓渡自己的感受；對外界過於溫柔，對自己過分殘酷。

我忘不了她做完手術後，儘管瘦骨嶙峋、有氣無力，內心卻像大徹大悟一般，有一種明晰了生死之外無大事的通透感。但回歸到日常生活中，我擔心她之前的情緒模式捲土重來。

從此以後，我養成故事會人格，蒐集了上百個正面素材，為了與

她聊天時，透過講故事，植入我希望她性格直爽、心無罣礙的理想。

在電影《你好，李煥英》裡，媽媽對女兒說：「我的女兒，我就讓她健康快樂就行了。」在我的生活裡，我想對我媽說：「我的媽媽，只要又颯又爽就好。」

又颯又爽是我對我媽、對自己、對女兒、對讀者的祝福。

那麼，如何成為一個又颯又爽的女人呢？

感情需要「悅己感」。

我和老公剛在一起時，看他工作忙到很晚才下班，我決定憋個愛心大招。看影片，學教程，做出麵食首秀，包出奇怪的餃子，心想等他回家，場面絕對「執手相看淚眼，竟無語凝噎」。

誰料他只勉強吃了兩個，我因此大發雷霆，我吵架的話術和預期是「如果我是你，看到我精心準備，要感謝，要感動」，預期一落空，吵到要分手。

其實，以對方為中心，很可能兩個人都不開心，以自己為中心，至少自己吃爽了，而且我吃得開心，也能感染對方感到開心。

以「我全都是為了你好」為開頭，以「你太讓我失望了」為發展，以「我放狠話傷到你了」為結局，這樣的循環太累人了。

我從此明白，「悅己」真不是買點好東西、買件貴衣服這麼簡單，而是即使你是我愛的人，但我的快樂依然我做主。

整天說話硬邦邦，做事軟綿綿，自己累不累？整天研外表有妃子風情，內心有正宮氣度，自己有多閒？

女詩人伊蕾說過，「我的詩中除了愛情還是愛情，我並不因此而羞愧。愛情並不比任何偉大的事業更低賤」。

話是沒錯，只是可惜沒有愛情的她，就不寫詩了。

陶虹曾在採訪中說：「我和徐崢吵架，從不真生氣，我不需要徐崢向我道歉，也不用他哄我。」

如果感情裡動不動就生氣，訊息沒有秒回，就上升到「你到底愛不愛我」，對方沒哄到位，就上升到「感情裡只有我在付出」，這段感情談得就太不悅了。

當年老公向我表白時，因他小我五歲，他主動問我是否擔心「將來男人事業有成，女人年老色衰」的問題，然後自顧自對天發誓。

我笑著說：「我相信你現在所說皆為真心，以後如何，以後再說，那時的我們，會比現在更有智慧，能解決現在解決不了的問題。」

感情中懂得悅己，自己才是自己快樂的直接供應商，而且悅己趁當下。

工作需要「作品感」。

我聽過中國圍產醫學保健之母嚴仁英教授的一個故事。

她曾是協和醫院的婦產科教授，文化大革命期間遭人虐待，讓她打掃廁所。那時大家有婦產科的難題，就到廁所裡去找嚴教授。之後她被選為北京大學第一醫院院長，她馬上又騎上腳踏車，深入農村田間，做中國孕（產）婦死亡原因的調查。引進了美國葉酸預防新生兒神經管發育畸形的計畫，所以現在孕婦基本都吃葉酸，大大減少了孕（產）婦的死亡和胎兒的畸形率。

她分享了八個字：沒心沒肺，能吃能睡。因為心中有想做的事，所以保重身體，減少計較，把自己的身心當成紙筆，創作真正有價值的作品。

有一次聽音樂人分析王菲。

王菲永遠都是自己的音樂真正的製作人，林夕和張亞東都在配合王菲，她決定自己的風格，要唱什麼，自己是誰，從哪裡來，要去哪裡。之前很多女歌手，唱的都是男人是天是地是一切，而王菲傳達了很直爽的愛情觀，我知道愛情從哪裡來，要去哪裡，但是我依然愛你。

我永遠欣賞把工作做出作品感的女人，她們跳脫於 KPI（關鍵績效指標）之外，對經手的工作，具有「過自己這關」的標準。我自己也在這樣要求自己，儘管我現在依然是個名氣不大，熱愛寫作的作者。

但對於我的書，從第一本開始，我就深度參與策劃工作，跟編輯一起想書名，選封面，做調查，想把自己的審美和風格融合進去，我心裡一直有個越位的想法，我才是我的書的主編。

越來越認同嚴歌苓說的那句「我不害怕衰老，因為我有寫作，隨著多長一歲，我就多一些作品出來」。工作中，能夠保持創作或創造，是件特酷特幸福的事，隱身了你其他維度中的雞毛蒜皮和雞飛狗跳。

因為有事要做，還要做好，對此投入身心，支稜起人生的底氣。

選擇需要「速度感」。

靈魂有濕氣的女孩，為人黏黏糊糊，做事拖拖拉拉，說話含含糊糊。

做一件事，出發點是別人怎麼看我，做成功了別人怎麼說我，做失敗了簡直沒法見人。

為電梯裡的失態懊惱半天，為同事的語氣猜想半天，為旁人的誤會解釋半天，為別人的建議糾結半天。何必呢？明明那麼普通，

卻又那麼自信，然而別人壓根不關心。

關於選擇，陳數曾在劇中說：「我做事的原則就是，從利益出發，它要不要做；從風險出發，它該不該搏；從能力出發，它該不該做；從結果出發，它划不划算。而不是別人告訴我，我對不對。」

我看過這樣的研究，**大腦從接收資訊到完成思考，大約需要 0.5 秒，其中，0.1 秒，資訊到達大腦，0.4 秒，檢索記憶後做出判斷。活得直爽的女孩，面對挑戰或機會，不用 0.4 秒來檢索，而在第 0.2 秒就會說：我來試試。讓大腦沒時間檢索記憶，決定嘗試後，披甲上陣，把選擇變對。**

有個讀者給我分享了她的「123+1 法」，不管想不想做，不糾結，數 123，3 秒後就開始去做，就做 1 分鐘。1 分鐘後想繼續就繼續，不想繼續就停止。

有一位有名的女商人年輕時想開一家自己的店，說開就開。開後便試，從零售到批發，從找工廠到開工廠，因為不會管人，關閉工廠後，找代工廠輕加工。

她用排除法，對或錯，一開始並不知道，試了就知道。

有的人總是被動等待命運的調度和安排。其實等待的背後，還是等待，在埋怨中等待，在猜想中等待。不如把骨子裡的彆扭清理乾淨，說做就做，收放自如，這才直爽。

生活本來要摧殘你的，或透過等待，或透過磨難，沒想到你這麼主動，這麼堅強，反而把生活過得璀璨，熠熠生輝。

生活需要「天真感」。

有的女孩看上去「又年輕又老」。

她們忙碌時，把生活簡化為不斷加速的狀態，拳打腳踢，忙如

旋風；閒暇時，笑容因在工作中使用過多，在生活中就經常板著臉，頹喪是生活的分泌物。

我很欣賞那些看上去年輕感十足的女人，好像心裡從來沒有什麼愁事，時刻有與「真正的老」保持距離的警覺。

特斯拉創始人伊隆·馬斯克的媽媽和外婆，一個比一個直爽。他外婆六十多歲開始上藝術課，九十六歲後如飢似渴地閱讀書籍。某次，他的媽媽和外婆參加茶會，聚會中的老年人都在抱怨這吐槽那，她們兩個奪門而出。他媽媽問：這樣怨天尤人，是年齡增長的原因嗎？他外婆答：不，她們從年輕時就這樣了。

真正的年輕人，心裡充滿天真，把工作當成作品那樣去完成，有好奇心，有探索欲，在感情中愉悅並滋養自己。

隨時被生活刺激，深切而飽滿地看到、聽到、嗅到、品嘗到、觸摸到生活中的實景實物，讓感官充分開放，日子過得有滋有味。

曾經聽過一段對恍惚的討論：「許多聰明的現代人不知道恍惚為何物，卻每每自詡為一種成熟、穩重、大氣的處世方法。」無論年歲，依然為真情所動容，依然為美好而恍惚。

閱盡千帆，有沒有少女臉或少女感是其次，仍有少女心性才厲害。

又爽又颯的人，從來不是穿了件加墊肩的西裝，畫一個甄嬛黑化後的妝容，表情冷凝而漠然就直爽了。她們形象多變，接受自己的美與缺陷，發自內心地認可自己，不被高敏感啃嚙，有被討厭的勇氣。

大事不糊塗，小事不計較。視野深闊，境界澄明，表述從容，行文舒展。不說硬話，不做軟事。我們必須又颯又爽地實現對自己的祝福。

08

主動窮養物質生活，
能夠富養精神世界

我們可以像花一樣嬌豔，也能像草一樣強韌。

看了紀錄片《和陌生人說話》「摳組大神」王神愛的訪談，我決定實踐另一種生活方式。

「王神愛，南京女子，三十二歲，已婚已育，社群網站『摳組』的分享大神，薪資儲蓄率達到 90% 以上，畢業九年，在南京買了兩套房。」我想澄清一點，一、二線城市，買房和存錢不存在必然聯繫，她挺有賺錢頭腦，大學期間利用設計專長勤工儉學，月均收入兩千人民幣。

身上穿的外衣是從朋友不穿的衣物裡挑選的，戴的帽子是在遊樂園裡爬山時撿到的，逛商場覺得兩邊的商店像是鱷魚池，路過就加速走開。連老公也受她影響，用的手機儲存空間是 32G 的，因為儲存空間小，很多 App 都沒有下載，基本只留著社群軟體。

她有種把生活中任何損耗轉化為錢的能力，如豆漿灑了一點，就當作損失了兩毛錢。

　　她認為自己達到最低層次的財富自由，不是賺得多，而是花得少。

　　這期節目引發不少爭議，很多年輕人表示不會用王神愛的摳門方式去生活。

　　我誠實地說一下我看這期節目的心理變化。

　　一開始，她說到自己的生活理念和摳門習慣，我無法想像。

　　再後來，她說到原生家庭對她金錢觀的影響，我開始理解。

　　到最後，她說到摳門帶來野草般蓬勃生命力，我躍躍欲試。

　　她的一番話，天時地利人和地扎到我心裡。「**我感覺我是站在地上的一個人，根是扎在土裡的，生活想要摧毀我，是沒有那麼容易⋯⋯我不想當那種人人都誇，人人覺得很美麗，但是要花很大心思去呵護的花朵，但是我選擇的是一種適合自己的，就是像野草一樣活下去，並且旺盛地（活著），你就算把我踩得感覺只剩根了，你過幾天看我，我又冒出來了。**」

　　近幾年，我賺的錢比以前多了，花錢也比以前猛了。

　　改變生活的疫情，自上而下的政策，捉摸不透的風口，似乎在強調：花無百日紅，才是人間真相。

　　我真正焦慮的點在於自己日漸增長的消費欲望和擔心以後賺不到更多錢的矛盾，以及由儉入奢易和由奢入儉難的反差。努力讓生活越來越好，但還是會擔心「越來越好」只是一廂情願的易碎品啊。

　　我感知到花朵般生活的脆弱性，並對這種脆弱和無常感到焦慮。

　　看了王神愛的訪談，其實「摳」和「房」都不是重點，而是我決心主動過一段野草般的生活。我要拿自己做一個實驗，看看自己像野草般生活一段時間，會不會有蓬勃的生命力。

　　當然，我不會用王神愛的方法，對於自己版本的極簡生活，我有自定義的想像和做法。

　　梳妝臺上的護膚品只留下水乳液，把眼霜、精華等暫時收起來，彩妝只留下隔離，把修容、睫毛膏等暫時收起來。

　　泡沫洗手乳用完了，不買新的，用家人常用的香皂吧。

　　進口洗衣精用完了，不接著續，超市買大包替換裝吧。

　　有一次我去逛服裝店時，拿了兩件瑕疵品，一件女式毛衣右肩處稍微起毛球，一件孩子的保暖內衣有汙漬，其實不是標牌注明，我都沒發現，結果以幾十塊的低價入手。

　　購物 App 集中在一個文件夾裡，放在手機頁面的不太顯眼處，非必需的購物大大減少。

　　雙十一只買生活必需品，體會到了「購物 App 的出現，不是為了讓我方便購物，只是為了讓我購物」。雙十一沒有大規模採購書籍，把家裡那些「買書就像買保險，買了很多但一直沒機會用上」的書拿出來看。

　　以前去超市裡買有機蔬果，其實菜市場的蔬菜水果似乎更符合時令，更新鮮，讓人更有食欲；以前隔三岔五就要外出就餐，疫情之後在家做飯，家常菜的諧音是「家常在」。

　　就算點外送，我也會刻意比往常少點一個菜，七分飽的感覺，讓我在運動量減少的同時熱量攝入也減少。

　　在疫情膠著期間，女兒的早教機構停止實體課程，我就給女兒當早教老師。按照早教課的一般流程，運動環節—音樂環節—探索

環節—故事環節，我提前把故事記下來，講給女兒聽，和老公在家陪女兒玩躲貓貓，女兒發出了在課堂上沒有的咯咯笑聲。

這場生活實驗持續了一段時間，我還好嗎？

皮膚沒有因為沒抹精華、沒敷面膜就出現異常，看上去和之前差不多，還節省了時間。用香皂洗手，沒覺得手變粗糙，用超市替換裝的洗衣精洗衣服，更是一切如常。

第一次買有輕微瑕疵的衣服，居然讓我有撿著便宜的興奮，家裡貴的上衣也起毛球，保暖內衣的汙漬洗完就乾淨了。

尤其是給孩子買便宜衣服、在家做早教等一系列行為，緩解了很多文章傳遞給我的「月入五萬、十萬，依然給不了孩子美好童年」的育兒焦慮。

而且這樣做讓我意想不到地省下不少錢，這讓我想起以前和一位出口貿易公司經理的交談，他告訴我產品品質到 70 分、80 分很容易，但每提高 5 分、10 分，所需成本就會成倍增加。其實要不要去為那超出的 5 分、10 分買單，我可以根據自己的情況做選擇。

我是我們家的消費負責人，這次的生活實驗，讓我和家人，尤其是長輩之間的消費摩擦銳減，投資儲蓄率大大提高。在這個過程中，我好像體會到王神愛說的那種野草的蓬勃生命力：就算我習慣了用稍微貴一點的東西，我也能主動用稍微便宜的東西，在這個消費降級、生活簡化的過程當中，我照樣怡然自得，熱愛生活，樂趣依然。

而且最關鍵的是，我體會到一種去焦慮的心境——我不必逼自己去過一種「同比增長」的人生。

「生活不是為了賺錢，但是想要的生活，都需要錢。」我以前

對這句話深信不疑，但現在我覺得或許想要的生活，並不需要那麼多錢。

這段時間，我看了 TED[4] 上一位英國行為學家的省錢建議，這些建議更適合我。

比如：

1. 未來半年到一年中，僅僅訂立一個儲蓄目標。

研究發現，當參與者只有一個儲蓄目標時，比有五個目標時能存下更多錢，和工作時處理多項任務一樣，注意力分散到多個儲蓄目標上會效率低下。你的一生中會有很多儲蓄目標，但短期內僅需訂立一個。

2. 每次收入進帳時，自動存儲一定比例的收入。

研究顯示，儲蓄策略從每個月要記得存一小筆錢，轉化為每次收入進帳時自動存儲一定比例的收入，像這樣的被動系統，利用了人們的惰性傾向，不必每次都親自轉帳，不會在每次轉帳時拖延，可以幫你存更多的錢。

3. 和身邊的朋友聊天，主動談談存錢的話題。

研究顯示，身邊人的消費方式，會讓自己趨同，當你整天看著朋友們今天去哪度假，明天去哪吃大餐，你的支出也可能增長，不妨和朋友們聊聊，怎麼還清貸款，怎麼存錢，你的存款可能就會增加。

飲食上的輕斷食，會讓人提高消化能力；護膚上的「肌斷食」，會讓皮膚功能更強勁；消費上的「輕斷食」，讓我體會到一種「不慌」的新活法。

我意識到有些消費只是錦上添花，沒有這些「花」，「草」的生活也有另一番滋味。

　　有時候我們會擔心以後收入下降會使生活的品質下降，與其讓擔心和焦慮內耗自己，不如主動去過「鍋底」時刻，窮養自己的物質生活，嘗試一段時間後你會發現人的適應能力很強，逢山開路，遇水架橋，往哪個方向走，都是上坡路。

　　在這個短暫的實驗過程中，我用更科學、更適合的行為，主動讓內心的消費主義降噪。重新回歸生活後，不管我採用什麼樣的生活方式，我都不是原來那個我了。

　　願我們可以像花一樣嬌豔，也能像草一樣強韌。

---

4 TED：美國一家私有非營利機構，旨在分享值得傳播的創意。

Chapter 3

生 活 提 案

自律上癮，才是人間清醒

不要想著堅持，要想辦法開始，從微小而有效的
自律開始。如果投入微小自律，就能獲取巨額利
益，這種好投資，誰能不入股？

把有限的精力和財富，持續而反覆地投入某一領
域，長期堅持下去，就會帶來巨大的積極影響。

01

為什麼你自律著自律著，
就不自律了呢？

不要想著堅持，要想辦法開始，從微小而有效的自律開始。

如果投入微小自律，就能獲取巨額利益，

這種好投資，誰能不入股？

2018 年，我建立自律群組，組織五百個人一起自律。

剛開始，大家熱情高漲，爭先恐後，我先後發起二十一天以及三個月的活動，隨著活動推進，透過觀察我得到一些結論。

第一個自律週期熱度最高，隨後遞減；如果給自律優等生表揚或送禮，熱情會相對提高；群裡自律打卡活動停止時，自律人數減少。

其間，我問過中斷自律的朋友：為什麼你自律著自律著，就不自律了呢？

這個問題之所以能困惑我許多年，是因為我覺得自律與意志力關聯不大。像我這種體能一般、耐力不足、有點小懶、意志力薄弱的人，嘗到自律的甜頭後，甘心變成自律的信徒。

一不小心就早起了十多年，稍不留神就堅持了七年的寫作，閱讀、運動、做筆記、列清單等，無法自拔地相伴多年。自律是件種豆得豆的小事，也是我疲憊生活中的英雄夢想。它是我的大功臣，輔佐我進可攻事業，退可守寫作，三十多歲活得比二十多歲更青春。我真心誠意地認為自律好，才邀請朋友和我一起自律。

我為之上癮的自律，竟有人產生排異反應，自律著自律著，居然不自律了。

於是在這五百個人的大型實驗中，我不斷觀察，歸納，回訪，按照軌跡探尋到如下線索：

一、你為什麼要自律？

我讓進群組的朋友先修改暱稱，在自己的名字後面寫上自己的自律項目。大家的自律項目多種多樣：讀原文書，少玩手機，6 點20 分起床，10 點前睡覺，每週運動三次，每晚泡腳，期末不被當，複習公務員考試，備考「教師資格考試」，備戰 CPA（美國會計師），飲食忌辣，瘦十斤，拒絕拖延……

目標有大有小，從根本上分類，一是因為嚮往和喜歡，知道自己想要什麼；二是因為害怕和擔心，知道自己不要什麼。

我最初早起是因為大一時我們班女生只有兩個人沒有通過英語四級考試，其中一個就是我，我因為害怕下次再被當掉，不得不早起學習英語。但通過英語四、六級之後，我早起後就改做閱讀、寫作等喜歡的事。

我最初開始跑步是因為我在我們班女生中是最胖的，因為擔心肥胖問題讓我本就多病的身體雪上加霜，不得不到操場夜跑。但隨著身材勻稱後，我迷戀上跑步，因為多巴胺分泌讓我快樂而自信。

確立了害怕型的自律目標後，透過自律，避免了害怕之事的發生，如果沒有繼續另一個害怕型目標或喜歡型目標，大多數人會淺嘗輒止。長期自律的人，目標多半已從害怕型過渡到喜歡型。

二、你為什麼能自律？

日本的習慣形成顧問吉井雅之，曾為五萬人提供習慣養成教學。我研究過他的套路，先用小習慣作為誘餌，釣上養成好習慣的大魚。

給難以早上跑步的人的建議：每天早晨起來，穿上運動服，去外面走一走。一旦走出大門，自然而然會產生「既然都出來了，就不如跑步吧」的念頭。

給常和妻子吵架的人的建議：每天對妻子說謝謝。把常說的「少囉嗦」、「我知道」，改成「謝謝你幫我照顧孩子」、「謝謝你給我做飯」，家庭關係會變得溫馨。

給家裡凌亂的人的建議：回家脫掉西裝前，收拾任意三件垃圾扔出去，家裡就會變得整潔乾淨。

給不愛閱讀的人的建議：把書翻開，讀上一行，漫畫也行。於是很多沒有閱讀習慣的人愛上閱讀。

一件事想不想做，能不能堅持做，在於大腦能不能從中感到快樂。從五感進入大腦的訊息，由杏仁核判斷快不快樂。快樂就接近，不快樂就迴避。大腦能堅持的事，比起正確，快樂更關鍵，所以要想辦法把正確的事，用輕鬆快樂包裝起來。

據我觀察，「悄悄自律驚豔所有人」、「每天要堅持跑一小時」、「不瘦十斤絕不換頭像」，憋大招的自律，來去匆匆。

而像「坐地鐵時背五個新單字，複習十個舊單字」、「睡前看

三頁書，不能再多了」，這種短平快的自律，反而持久。

不要想著堅持，要想辦法開始，從微小而有效的自律開始。如果投入微小自律，就能獲取巨額利益，這種好投資，誰能不入股？

三、你為什麼能自律著？

作為《六人行》的十級學者，在「瑞秋三十歲了」那集，我獲得長期自律的重要啟示──打造自律鏈。

瑞秋過三十歲生日時說她想要三個孩子，應該在三十五歲前生第一個，想在懷孕之前至少結婚一年，需要一年半籌備婚禮，希望認識對方一年到一年半後再訂婚，所以三十歲前要遇到那個人。

我覺得沒必要在人生上往前推演，但在自律上往前推演，有助於保持「自律著」的狀態。我寫了自己早上 5 點起床的人生後，覺得有必要再寫一篇晚上 11 點前睡覺的人生，沒有早睡以及早睡的準備工作，就沒有早起。

因為我知道自己早上的時候腦子清晰，所以我拆晚睡的東牆，補早起的西牆。為了早睡，我回到家就洗臉，吃完飯就刷牙，飯後一小時就洗澡，晚上邊看輕鬆的節目，邊把第二天上班要穿的衣服準備好，鞋子擦好並鞋頭朝外地擺好，少碰手機多看書，讓自己早點入睡。

很多你難以自律的事情，不如往前延伸找辦法。

計畫早上跑步，又怕第二天不想出門，試試睡前在床邊放一套運動服，第二天醒來穿上運動服下樓跑步的機率就會變大。

經常洗手，手部粗糙，護手霜卻放到過期都塗不完，試試把護手霜擺在洗手臺附近顯眼處，每次洗完手順便塗抹。

把自律鏈條的配套工具準備齊全，一旦開啟一個動作，一排骨

牌就迅速而連貫地行進。

電視節目演員兼企業家凱文‧奧利里，前一天晚上做好計畫，第二天到辦公室後，刻意忽略其他事務，直到完成待辦事務清單上的三件事為止。

他不僅安排了自己的自律鏈，還安排了在不同的環節上，哪些是一鏡到底，哪些是慢鏡頭，哪些要按快轉。

打造並優化自律鏈，牽一髮而動全身，讓你的自律環環相扣。

四、你為什麼自律著自律著，就不自律了？

我在自律群組裡提問，後來為什麼中斷自律，答案五花八門：第一個目標就沒完成，沒有信心完成後面的；完成第一個目標以後，找不到有動力的目標；因為懷孕生子或工作變動，把自律拋諸腦後；有段時間很忙很累，休息後覺得自己沒精力自律。

我發現，因為自律被間斷強制拆遷了的情況真不少，我認為不管什麼原因間斷，間斷了重新開始，就是自律的常態。

別說自己總是只有三分鐘熱度，有三分鐘熱度比從來沒熱度好得多，三分鐘是個試用品，試用後看看要不要正式購買。

別說自己三天打魚兩天曬網，打三天比從來不打強得多，打三天休兩天，從第六天再進入下一個三天打魚兩天曬網的循環。喝杯飲料能續杯，辦個會員能續費，合約到期能續約，自律間斷也能繼續。因為外界的干擾，惰性的揮發，休息或犯懶一段時間，經過狀態的對比，目標的審視，方式的優化，再把自律撿起來，打個響指再出發。

自律從來沒有固定的標準。

把時間利用到極致，爭分奪秒的高強度自律，是自律；

　　等車時敲下膽經，起床前翻身做個平板撐的順手型自律，是自律；

　　躺著哺乳時做幾次側抬腿，等電梯的時候練習收腹的碎片化自律，是自律；

　　心情不好時做組伸展運動，鑽牛角尖時分析英語長難句的轉移型自律，是自律；

　　日程本上空白了幾頁，因為各種亂入的打擾，暫停了一段時間的重啟型自律，更是自律。

　　當你開始自律，人生就有了低內耗的可能性。一是因為自律起來，身心自由；二是因為自律起來，沒空內耗。

　　找到適合自己的自律，時間就會與你榮辱與共。

02

自律上癮，才是人間清醒

把有限的精力和財富，持續而反覆地投入某一領域，

長期堅持下去，就會帶來巨大的積極影響。

自律上癮，才覺得人間值得

我休完產假回去上班，聽到同事最多的回應是：和懷孕前相比，沒什麼變化。

沒有比懷孕前更好看嗎？

懷孕期間，我沒放縱自己大吃大喝大補，孕中期開始練瑜伽，孕晚期為了防止胎兒過大，在醫師的建議下嚴格控糖，產後四十二天，循序漸進地恢復運動。

身材管理只是順便的事，我主要帶小孩、工作、寫作，在時間稀缺的日子，我出門上班前會打開小影片，跟著運動部落客做五分鐘的腹部晨間喚醒運動。

部落客說，她每天早上做五分鐘，擁有了緊緻的馬甲線，我滿心存疑。反正客廳鋪著孩子的爬行墊，我早上動作迅速，擠出五分鐘時間，平板撐、V 字對抗、死蟲式、屈膝收腹等動作各做半分鐘。

我的肚子漸平，體能更好，或抱小孩上下六樓，或單手抱小孩穿鞋，渾身是勁。

自律是時間維度上的以小博大，每天給自己的人生即使輸入五分鐘的自律，交給時間去運算吧。

我常立足於自身現狀和想要的狀態，把自律作為連接二者的手段。早睡早起、熱愛閱讀、熱衷運動、善待身體。

於是，皮膚從暗沉變白皙，身材從胖到勻稱，體檢報告從最多的八項不合格到去年的全部合格。

從一份工作變成兩個身分，從在圖書館借書，到現在出版社給我寄首刷新書，從在日記本上寫，到現在出版了三本書。

我的自律靈活輕便，豐儉由我，碎片時間或整塊時間，都各有打法。

為熱愛的寫作，早起兩個小時；為飽滿的精力，早睡一個小時；為強健的核心，運動五分鐘；為體檢的指標，多吃一口蛋白質，少吃兩口主食。

都說人間不值得，如果身處人生正循環中，只覺得人生很值得。

自律上癮，才是人間富貴花

有人把嫁得好，沒怎麼吃過苦的女孩，稱為人間富貴花。

我覺得這種人間富貴花，是富豪養在家裡的花，富豪可以在家養，也可以在外面養。

我心裡的人間富貴花是自己賺錢買花戴。有兩項衡量標準，如亦舒對自己歸宿的總結：健康與才幹。健康是固定動產，才幹是流動資產。

你的身體，是自律的履歷。

自律之於身材，不是人在床上躺，肥在心中減。而是再餓也不要狼吞虎嚥，再無聊也不要翹二郎腿，否則迅速發胖，小腿變粗，脊柱變形。

自律之於皮膚，好皮膚的要義是早睡早起少生氣，戒酒控糖少炸雞，清潔保濕加防晒。

如果你全天攝入蔬菜的來源，不是麻辣燙就是方便食品裡的脫水蔬菜包，飲食缺乏新鮮蔬菜，那只能讓你面如菜色，外加水腫和乾燥脫皮般的膚質。

總在床上和沙發上玩手機，下頜線和脖子糾纏不清，頸紋也會像被人勒過一般。

自律之於細胞，每個細胞都是一個珍貴的容器，保存著你的DNA。染色體端粒的長度是細胞層面衡量健康程度的指標，端粒縮短，人會生病。營養不良、缺乏鍛鍊、休息不夠、壓力過大都會讓端粒縮短。

自律之於基因，如果你作息混亂、飲食隨便，更容易掉髮，而掉髮基因，可能傳給後代，不孝有三，給後代增加掉髮基因為大。

你的才華，是自律的疊加。

我早起閱讀和寫作，「又當爹又當媽」地把愛好變成生活的一部分，發現有兩技之長比一技之長高薪得多，也高興得多。

投資大師查理‧蒙格從年輕時開始，堅持每天很早起床看書，八、九十歲依然保持早起讀書的習慣，幾十年沒變。

有人問他：為什麼要堅持起那麼早？

他答：把有限的精力和財富，持續而反覆地投入某一領域，長期堅持下去，就會帶來巨大的積極影響。

我用十多年的早起經歷，驗證了金融中「複利」的力量。

而自律的最初，像網友「小兔 Stephanie」所說：「**最近過得自律，雖然並沒有感到人生輕鬆了，但那種有條不紊往前解決問題的清爽感至少不會讓人自暴自棄。**」

生一場大病，要花很多錢；醫學美容，也要花很多錢。

自律上癮，這筆鉅款可以不花或少花，再加上與日俱增的賺錢能力，成為人間富貴花，指日可待。

自律上癮，才是人間清醒

有人耍小聰明：「生活太難了，它就像一個園藝師一樣，在我身上施肥，又在我頭上除草。」我好想發個傳單，自律自控瞭解一下。

看書時，作者說愛美一點，精緻一點，優雅一點，你就反駁：貧窮限制了我。貧窮限制你那麼多，怎麼沒有限制你的三高和體重？

追星時，明星吃什麼，穿什麼，你都會跟風，唯獨明星去運動健身，你不跟風了。與其坐在路邊為自律者鼓掌，不如為自律的自

己鼓掌。

常有讀者發來人生困局，對自己的敘述惜字如金，對周遭的吐槽長篇大論。回到自身，是我的破冰建議。

聽聞一位作家，原生家庭不理想，父母沉迷打牌，她說啊、鬧啊都沒用，父母該幹麼還幹麼，她一頭栽進自律裡，早起、寫作、創業。

有一次市裡蒐集文化名人資訊，電話打到她老家去，她爸激動得語無倫次，她媽興奮得一宿沒睡，父母決心不打牌了，說女兒越來越有出息，別人問起爸媽是幹麼的，他們不能丟臉。

她後來說：「我雖然看似沒有再對原生家庭做什麼，可是我把大量的時間和精力用在了自身成長和強大上，那一刻我終於明白，人確實是不能被改變的，但可以被影響，當你自身足夠強大時，周身自有一股氣場和能量，會讓身邊的人想要改變。」

現在流行「搞錢上癮，才是人間清醒」，我覺得太片面，自律上癮，才是人間清醒，有以下三重涵義：

1. 自律上癮的人，清醒到知道想要什麼，不想要什麼。

找對象前，自問要找性格相似的，還是互補的。

相似型自律，知道自己的人生目標，分解到每一天，人生目標和自律目標，朝著同一個方向前進。

互補型自律，就算你只想賺錢，每天拚命工作，也得兼顧互補型自律，如關心家人，注意身體。

忙的人，休息就是自律；閒的人，充實就是自律；事業型的人，戀愛就是自律。

2. 自律上癮的人，清醒到知道當下的欲望和未來的願望。

美食上桌，吞嚥的滋味多誘人，可我在當前的快感和未來的健康之間折中，律己一點，調慢吃飯的速度，少吃幾口。

發了薪資，花錢的感覺多暢快，可我在當前的快感和未來的保障之間平衡，律己一點，把薪資的一定比例轉為存款。

由著本能驅動肆意揮霍，但拿整個人生去妥協，代價太大。

3. 自律上癮的人，清醒到知道如何讓看似反人性的自律，讓自己上癮。

門檻放低，更容易上鉤。學生每天一句長難句分析，男人每天一個伏地挺身，女人每天一個波比跳，通常做一個哪夠？像商場的手扶梯，一腳踏上去，自動把你載向高處。

機制靈活，更容易堅持。把「絕對」、「一定」這類不容商量的肯定詞，從自律詞典中刪除，即便三天打魚兩天晒網，間斷一段時間重新開始，歸來依然是自律好兒女。

定期對比，更容易上癮。每隔一段時間，把嘗到甜頭的拿出來細品，回憶之前不自律的狀況，對比自律後的狀態，在心裡掂量，誰對你好，一目瞭然。

為了能對比，你得先開啟一段自律之旅再說。

自律上癮，才覺得人間值得；

自律上癮，才是人間富貴花；

自律上癮，才真算人間清醒。

03

自律星人的時間術

津巴多研究，能幸福和成功兩手抓的時間觀是，
對過去，要高度積極；對現在，要適度享樂；
對未來，要有中等偏高的目標導向。

這段時間，我又對我的記事本進行了大刀闊斧的升級，畢竟我
在時間管理方面的更迭是很快的。這次升級的關鍵詞有津巴多時間
觀、四象限分區、三色復盤。

津巴多時間觀

TED 上有一位心理學家津巴多的演講：健康的時間觀念。

這位極有才華和洞見的心理學家，把人們的時間觀分為六種。

1. 過往積極時間觀。擁有這種時間觀的人積極樂觀、內心溫
暖、充滿愛心，能夠在過去的美好中汲取能量，活得滿足又快樂。
他們往往聚焦於過去美好的回憶；喜歡收集整理過去的照片、紀念

相冊，清楚地記著和參加紀念日活動，懷念過去和童年。

2. 過往消極時間觀。擁有這種時間觀的人回顧過去，會感到經歷的一切都很糟糕。活得非常消極、不快樂、鬱鬱寡歡，同時也很容易有自卑、迷茫和懷疑人生的情緒出現。能先想到的都是一些不快樂的回憶，要麼沮喪，要麼悔恨，可以用難過、不愉快來概括。

3. 當下享樂時間觀。擁有這種時間觀的人主張及時行樂，及時滿足，喜歡刺激和冒險，不喜歡自我約束。能夠享受當下，可以不去想未來，放開去玩，玩得快樂，信奉「人生得意須盡歡」。

4. 當下宿命時間觀。擁有這種時間觀的人相信一切都是命中注定，不受人為力量的影響，認為努力沒有多少意義，覺得「我命由天不由我」。

5. 未來時間觀。擁有這種時間觀的人喜歡把目光放長遠，擅長制訂計劃和延遲滿足，並且相信能夠透過自身努力實現目標。樂此不疲地鎖定目標，制訂計劃，執行任務，實現更高目標。認為停下來享樂就是浪費時間，容易焦慮，總是盯著還沒達成的目標，很難在當下感受到快樂。常因覺得自己不夠努力而愧疚。為了未來成就，犧牲當下快樂，忍住吃喝玩樂，甚至犧牲掉和親朋好友共處的時光。

6. 超未來時間觀。擁有這種時間觀的人認為此生此世做的事情是為來生服務，相信輪迴轉世。

把自己代入進去，高考前我的時間觀是當下享樂。國中時寫小說、打麻將，高中時看電視、迷動漫，是家附近 VCD 店的高級會員。壞處是沒有考上嚮往的大學，好處是給長大後的我留下過往積極時間觀。回憶中自己總是在藍天白雲下，獨處時光被興趣填充，與有

趣的好朋友共度歡樂時光。

我的過去當然有挫折、有陰影、有仇人，按星座上的説法，天蠍座記仇。但對我這個記好不記壞的人來說，比起記仇，天蠍座更記恩。而且對於仇事或仇人，忘記或漠然，讓自己過得快樂，才是復仇的最強手腕。

高考後我的時間觀轉為未來目標導向。大學時認真學習，努力考證，提前實習。工作時勤奮努力，琢磨業務，升職加薪。壞處是曾為了工作累壞身體，一度因寫作忽略親人的感受。好處是工作得心應手，寫作實現出書夢。

津巴多研究，能幸福和成功兩手抓的時間觀是，**對過去，要高度積極；對現在，要適度享樂；對未來，要有中等偏高的目標導向**。

我現行的時間觀，關於過去，我很積極。關於現在，我既不享樂也不信命。關於未來，我的目標是五十歲以前寫更多的散文，五十歲以後成為小説作者，身體健康，闔家歡樂，人生體驗豐富，實際外貌小於真實年齡，過上低內耗的快意人生。

我的日程本就是我的私人祕書，她應該在我現在的時間觀上，有則改之，無則加勉，她的工作職責是：

維持過去積極程度，如多與親朋好友視訊，定期洗照片翻相冊，偶爾看看社群軟體的照片和文章，偶爾翻翻不同時期的通訊錄，重溫經典，回顧初見的驚豔。

提升現在享樂指數，如做瑜伽、SPA 讓自己身心放鬆，每天和幽默的同事閒聊，回家心無旁騖地陪伴家人，睡前和枕邊人聊開心的事，在不便旅行的年月裡看別人旅行，經常用正念引導自己活在當下。

降低為未來打拚的力氣，如晚上 7 點後暫時「封印」日程本，

拉長發文和出書的間隔期，在書單中插入小說、詩集等實用性偏低、享受度頗高的類別，讓短期目標少而精，少去畫三、五年後的大餅。

四象限分區

我的四象限不是緊急重要四象限，而是把每天的**日程本分為四個區，分別是工作、愛好、學習和身體**。

我是個本子控，收藏了各類本子，番茄工作本、時間軸本、習慣追蹤本、效率本、心情正能曆……後宮佳麗，應有盡有。我從有孩子後，沒時間對我的本子們「雨露均霑」，於是便傾向於一年用一本。

工作，我每天會記錄非常規工作。常規的就不寫了，非常規的寫明清晰條目，與 ×× 公司幾點幾分面洽 ×× 事宜、緊急維護 ×× 網頁資訊，幾點前傳送 ×× 表給 ××。為了維持過去積極時間觀，在事業低潮期或遇到挑戰時，回想以前工作方面的輝煌時刻。在日程本上注明，回顧第 × 份工作中案例獲二等獎，回顧某年評優後的慶祝等等。為了增加現在享樂，日程本注明：今天累了做 SPA，今天做成某事請客。為了降低未來導向，日程本提醒自己幾點睡覺，暫緩哪項不緊急的任務。

愛好，包括寫作、看電視、看電影、看閒書、看開放麥克風（Open mic，脫口秀）、玩劇本殺、和老友語音閒聊、看娃睡覺、看看八卦、看搞笑影片等。這類事情的特徵是，讓我心平氣和甚至心情澎湃地沉浸其中，忘乎所以。日程本絕不是充斥著需要鼓起勇氣、咬緊牙關、動用毅力去做的待辦事項，也需要引進讓自己沉醉、

歡笑、享受當下的待辦事項。這個模塊主要是建立在津巴多的當下享樂時間觀上，拉高現在及時行樂的布局。

學習，優化行走於世的技能工具箱。比如，聲音練習、練字、主題閱讀、微精通課題、閱讀育兒書籍等。更多是一些「用以致學」的反推。比如，要做好讀書會，需要好好發聲；要在新書上簽名，需要好好寫字；要做懶媽媽養出省心娃，要學兒童健康和心理知識。

身體，有人信宗教，我信健康。我每天給自己開處方箋。如果寫了「午睡」、「瑜伽」，那麼，午飯後再想和同事散步閒聊，最多十分鐘就回辦公室午睡。好幾天沒吃海鮮了，飯後回到辦公桌前吃一顆DHA；連續兩三天不鍛鍊，身心狀態欠佳，晚上等孩子睡了，做個睡前放鬆瑜伽。

每天的處方箋都有差異，需要結合當天以及前幾天的實際情況考慮，然後在這一天嚴格執行。除了每週六，我的每天幾乎都與四象限打交道。

三色復盤

曾經我的復盤只是打勾，在沒有做或沒做完的任務詞條後面，注明原因或替代方案。後來，我發現這遠遠不夠。

有一段時間，我復盤把工作分為三類：不必要的工作，標記為紅色；必要的工作，標記為黃色；事半功倍的工作，標記為綠色。每天這樣復盤工作，可以取得良好成效。

其實結合津巴多時間觀來解釋，不必要的工作，吃力不討好，對過去來説，可能成為陰影；對現在來説，讓自己受累；對未來來説，沒什麼建設性。不必要的工作標紅，讓自己警惕起來，去找證

據向主管證明不必做，或提出更好的解決辦法；必要的工作標黃，對過去、現在和未來，對其中的一、二項，產生積極作用；事半功倍的工作標綠，對過去、現在和未來，都產生正面作用。

這樣的復盤，以津巴多時間觀為基底，在對一件事的評價上，引入三個維度，更加不負此生。三色復盤法，我僅在工作、身體、學習方面進行，愛好方面盡量隨心所欲。就算當晚沒空，第二天早上也要抽兩分鐘想想。這一方法堅持兩三天，你可以對時間精力優化配置，成為一個事情做了很多、身心長期輕盈的人。

04

早上 5 點起床十五年，
真正的價值不在於早起

如果你在生活中有一個強烈的目標，

就不需要被逼迫著去做事，

心中的熱情自然會把你帶到那裡。

美國作家戴蒙・札哈里斯在《清晨高效能》一書中，回憶了在亞馬遜工作時的晨間慣例。

凌晨 4 點起床，給自己倒一杯咖啡，開始整理和回顧前一天的銷售數據；大約 5 點半，沖個澡，穿好衣服，然後去星巴克；6 點至 7 點 45 分在星巴克寫作，然後去上班。

這樣的晨間慣例，不僅讓他完成了大量重要的工作任務，開發數百個網站，還實現了個人的人生目標，出版暢銷書，撰寫時事周刊。

他辭職後，充分享受自由時光，不設定起床鬧鐘，經常上午 10 點以後才起床，然後上網隨意瀏覽新聞，閱覽部落格，吃早餐，洗澡刷牙，收拾好裝備，中午 11 點至下午 1 點之間的任意時刻，出門去咖啡館。

他事後反思這段「自由時光」，覺得完全浪費了早晨的時間，毫無計劃和安排，一天的心情被蒙上陰影，缺乏動力，無精打采，感覺既無聊，又焦慮。

他對比了兩種早晨打開方式的狀態和結果，決定重新重視早晨時間，創建晨間慣例，讓自己重回活力滿滿、精神集中、效率驚人的巔峰狀態。

很多人的對比，是從不早起到早起的進步式體驗，而我和戴蒙‧札哈里斯一樣，經歷過從早起到不早起的滑坡式體驗。

最近不少讀者問我，生完孩子後，還能早起嗎？

我從大一開始早上 5 點左右起床，堅持了十五年，生完孩子後，確實「破功」了。

產假前幾個月，夜裡起來兩三次，餵孩子，換尿布，弄完回到床上，有時很久才能再次入睡，只能放棄早起，保證休息時間，睡覺時間盡量和孩子趨同。

隨著孩子睡覺越來越規律，漸漸能睡整晚，我的睡眠品質逐步提升，早上自然醒的時間越來越早。

有段時間，我醒來後，勸自己多睡一會兒，有時思來想去睡不著，有時睡個回籠覺，醒來後沒有以前早起那種精力充沛的感覺。

那段日子讓我活得有壓力且被動，生活中充斥著大量碎片化時間，獨處時光縮短，很難深度思考，想寫時寫不了，能寫時狀態差，難以進入心流狀態。

這樣的後果是，文章沒寫好，孩子也沒陪好。

每週輪到我更新文章，提前幾天就感到焦慮。陪孩子時心不在焉，希望她趕緊睡覺，方便我去寫作。

我覺得必須調整作息，重啟生活，早起是我想到的第一個幫手。

這個幫手以前多次抓住往下掉的我，先定在原處，再蓄力往上爬。

我是這樣多措並舉地恢復早起的。

一、重新定位早起的意圖

《心中之光》的作者羅伊·班尼說過，如果你在生活中有一個強烈的目標，就不需要被逼迫著去做事，心中的熱情自然會把你帶到那裡。

大一時早起，因為想提高成績；實習時早起，因為想迅速上手；工作後早起，因為想長期寫作。這次產後早起，想獲得安靜的整段時光，要麼做一些修復身體的運動，要麼做一些高品質的輸出。

二、保證睡眠時長和品質

以我長期對自己的觀察，我夜間需要六至七個小時的睡眠時間。新增了集體力活、腦力活和情緒控制於一身的育兒重任後，現在我需要睡七·五個小時，於是晚上 10 點前，藉著睏意快速入睡。

如果你仔細觀察自己，應該知道晚上大概幾點會有睏意。睏意來了，有人才去刷牙洗臉或洗澡，會把睏意洗沒了；有人玩會手機看看熱搜上的新聞，會把睏意驚沒了，只能等下一波睏意駕到。

我下班回到家，先洗手和洗臉，用熱的濕毛巾擦頭髮，換上家居服。然後陪孩子，吃晚飯，盡快洗澡。隨著時間推移，逐漸把家裡電器的聲音調小，光線調暗。我發現哄孩子睡覺約等於哄自己睡覺，把手機和眼鏡留在客廳，手上戴著手部按摩器，睡前狀態會互

相影響，給孩子講故事，唱慢歌。我講著唱著，心情放鬆，容易進入甜蜜的夢鄉。她聽著我均勻綿長的呼吸聲，也更能安心睡著。

同樣的睡眠時長，把晚上疲憊的時間用來睡覺，轉換出一段早上清醒高效的時間，簡直撿了大便宜。不要剋扣睡眠時間，睡夠睡好，第二天才能容光煥發地早醒早起。

三、做好早起的後勤工作

嬰兒基本上三至四個小時是一個作息週期，根據她吃和玩的時間，大概預測出睡眠時間。

在她自己玩或家人陪玩時，我拿出效率本，計劃明天的待辦事項，準備明天上班要穿的衣服。檢查包裡資料物品是否齊全，有無備用口罩，把鞋、襪、帽備好。因為早起後到上班前的一至二個小時，是我每天的重要時段，準備越充分，第二天早上越從容，越自在。

四、創建合身的晨間慣例

有一個詞叫「決策疲勞」，一個人所做的決策越多，決策的品質就越低。所以早起後設置晨間慣例，開啟自動模式，無須動腦做決策。

我看過兩百多位古今中外菁英的晨間慣例，發現晨間慣例豐富多彩。

星巴克的原首席執行長霍華·舒茲，每天早晨 4 點半起床，先給員工發郵件，再鍛鍊一小時，遛他的三隻狗或騎腳踏車，回家和妻子喝杯咖啡，再去辦公室。他表示這讓他有能量、精力和毅力，去迎接每天不可避免的挑戰。

暢銷書《一週工作 4 小時》的作者提摩西·費里斯，是天使投

資人、顧問、企業家、記者、跆拳道運動員。他曾探索世界上最成功的一群人的晨間慣例，親自體驗並測評這些活動對自己一天的影響，最終決定留下五項：鋪床、冥想、鍛鍊、補充水分和寫日記。我帶著好奇看看他喜歡鋪床的原因，他說：「鋪床能給自己帶來掌控感。在一個充滿不可測和不受控的變量世界裡，用微小的勝利開啟新的一天，也可以在一天結束時，回到這件已完成的事情上來。」

　　不同時期的意圖和狀態，讓我去摸索適配的晨間慣例。有時候，注重早起儀式感，拉伸身體，泡花草茶，正念練習；有時候，前一天把文章開頭寫好，起床後馬上就進入寫作狀態。

　　現在早上醒來，問自己幾個問題：感覺疲憊嗎？頭腦清晰嗎？壓力大不大？答案是負面的，就讓自己再睡一會兒。答案是正面的，就迅速起床，量個體重，喝口溫水，工作日的早晨，時間少一點就做個運動，時間多一點就看幾頁書，時間再多一點就寫文章。週末的早晨就靜心寫作。

　　恢復早起，福利滿滿。

　　效率高了。減少拖延症，誘惑因素少，沒有太多選擇，注意力更集中，能事半功倍地做好手頭上的事。而且這種主動感，會順延到接下來的思維、工作和溝通中。

　　怨念少了。沒早起時，不由自主地想到沒做之事，希望孩子別鬧騰，趕緊睡；早起以後，高效做完想做要做的事後，更能心無罣礙地陪伴她。沒早起時，覺得陪孩子是義務；早起後，覺得陪孩子是獎賞。

　　約翰·藍儂有句歌詞是：「生活就是當你忙於制定其他計劃時，發生在你身上的事情。」而早起的時間完全可以用來做你計劃中想

做的事。

　　孩子的到來，不由分説打亂了我堅持十五年的早起秩序，但這也讓我重新反思：早起最有價值的部分是什麼。

　　我看過瑞士和比利時的研究報告，針對早起者和晚起者的大腦活動，參與者每晚的睡眠時間都是七個小時，但前者比後者早四個小時起床。研究人員發現兩組參與者在執行一系列任務時的表現差別不大，但還是傾向於認為早起者更高效，因為早起者帶著意圖採取行動。

　　《一日之際》裡有一段話，我越長大越贊成：無論你是早起鳥還是夜貓子，只有在你起床之後，你的清晨才真正開始，這個時間可能是早上 6 點，也可能是晚上 6 點。無論你何時起床，醒來後你總會擁有一個小時左右的時間，這一個小時左右的起床後時間為其餘的時間奠定了基礎，這並不意味著你必須早起，它的意義在於，**你應該利用你的清晨，去完成你認為最重要的事情。**

　　早起真正的價值，從來不是幾點起床，我認為是經過一夜休息後元氣滿滿地醒來，到被賦予社會使命之前的一兩個小時的晨間慣例。

　　為此，你需要提高睡眠品質，做好早起的後勤保障工作，不斷調整出適合自己的晨間慣例。

　　在安靜且生機勃勃的清晨，腦速奔騰，心神寧靜，我懷著濃烈且隱祕的心願，把一天中最高亮的時光獻給自己。

05

自律十二時辰，希望有顏有錢還有趣

我像打游擊戰一樣，懷著堅韌不拔的決心，

挪動作戰區域，調整時間精力，

讓自己在事業和家庭中巧妙平衡。

《長安十二時辰》的作者馬伯庸，把拯救長安的十二時辰，安排得如此精彩紛呈，緊湊巧妙。

有位讀者朋友生了孩子後，不知道該怎麼管理時間，希望我分享一天的時間內容以做參考。金風玉露一相逢，一篇以「自律十二時辰」為選題的文章，在我心中醞釀。

卯時：5 點至 7 點

5 點起床後，遇到夜裡醒來的嬰兒，只能放下對早起的執念。孩子睡整晚，我 5 點左右早起輸入或輸出；孩子醒兩次以上，我按掉鬧鐘再睡半小時，之後叫車上班。有娃以後，我從計劃精力的恆紀元，變成了以孩子當日需求為導向的亂紀元。

睡眠難以一覺到天亮，醒來後經常會延續睡眠慣性。負責基礎生理功能的腦幹已甦醒，但負責決策和控制肢體的前額葉皮質還發懵。我現在每天醒來，先花時間識別大腦狀態，清醒且有表達欲，就抓緊時間寫作。否則就站在陽臺上，讓自己在 5、6 點已天亮的窗前，呼吸、吐納、伸展，縮短睡眠慣性。接著，看書保養精神或鍛鍊保養身體。卯時，除了寫作閱讀，在護理身體方面，一直被我委以重任，我會根據當日狀態和出門時間餘額，挑以下的一些事情來做：

清晨如廁。結腸蠕動在清晨很活躍，上廁所不玩手機。

口腔護理。不要只重視刷牙，科學發現舌苔、牙周病以及胃部幽門螺旋桿菌是口臭的主因，想口氣芬芳，就得認真刷牙，輕刷舌面，定期體檢。

眼周護理。有時候醒來覺得眼周發緊，眼皮沉重，就貼一副中藥護眼貼，十分鐘後再洗臉。

皮膚護理。溫清水洗臉＋化妝水＋乳液＋隔離防晒，即使洗護產品整體消費降級，脖頸也要擦水乳（最好是水＋頸霜）。模仿《一吻定情》片頭，仰頭故作親吻狀，緊緻下頜線，另外，在髮際線和髮縫處塗抹頭皮精華並輕柔按摩。

碎片健身。刷牙或擦臉時，伸長脖頸，頭頂朝天，打開雙肩，踮起腳，收緊臀部，放下腳後跟前先靠攏腳跟再放下。

不要只顧著給皮膚打底，體態的打底更重要。出家門後直到出小區，全程保持腹式呼吸，讓自己開朗、開心、從容地迎接新的一天。

辰時：7 點至 9 點

　　坐上車後，把看手機的眼睛解放出來，非要使用，盡量挑紅燈停車時間看手機。車開到開闊空間就向遠看，路上改成聽課或聽書。

　　到公司附近，我和同事相約吃早餐。腦力勞動者的身體，難以區分大腦的困頓是由於休息不足，還是血糖不足。反正早餐一定要吃。理想早餐包括穀物、蛋肉乳、新鮮果蔬，我一般果蔬不達標，讓自己養成前一天往包裡塞水果的習慣。週末在家的早餐，我會買即食粥，用養生壺十分鐘搞定，倒出來放涼，然後把前一天準備好的綠葉蔬菜汆燙，再煎個蛋，兩片全麥麵包夾著蛋和蔬菜一起吃。

　　我基本上是最早到辦公室的，等待開機的時間，泡好朗姆果茶或裝好溫熱水。提前進入預工作狀態，把上午的工作事項和順序釐清後，開始向最急切或最重要的事情下手，沒有二話。同事陸陸續續到位，我基本不會停下手頭上的工作。

巳時：9 點至 11 點

　　這段時間很少有插隊的緊急工作，一般是做比較得心應手的常規工作。如果遇到要和同事或其他公司人員溝通的情況，我會記下來，等 10 點半左右，統一打電話聯繫，有時直接去同事位置上，站著溝通。看著自己的待辦工作被逐一打勾或標注，有一種滿足的喜悅。四十至六十分鐘後，活動下頸椎，去洗手間，梳個頭，閉目或遠眺，給自己的精力遞減曲線增加一個向上的小脈衝。

午時：11 點至 13 點

準備上午工作的收尾部分，在自己能自由安排的情況下，沒有緊急任務加塞的話，做點相對不費腦的工作。對下午工作的自己，記下囑咐和備忘。和同事約著吃飯，聊聊工作，聊聊生活，不亦樂乎。中午在外面就餐，選擇不太多，力求多元化，不要吃撐，細嚼慢嚥。

我的午餐通常碳水多，蛋白少，調味重。不足之處，等晚餐彌補。我的辦公桌抽屜裡有些營養補充劑，幾天沒吃海鮮，就吃粒DHA，午餐沒吃蔬菜，就吃粒維生素C。我的美牙同事，吃完飯回辦公室必刷牙。我主食吃得多，再加上愛吃馬鈴薯，馬鈴薯不是蔬菜而是主食，主食吃得更多了，所以要少吃甜水果。飯後我喜歡和同事到附近小廣場散步，看看小噴泉，聞聞青草香。

但我要去的話，走到小廣場就折回來，控制在十五分鐘內，因為午睡才是午時的頭等大事。辦公室有沙發，我用不織布床單墊上，拿出毯子和眼罩，一般睡二十分鐘。有時醒得略早，辦公室沒人時，就做幾個弓箭步、開合跳、側轉體的動作；辦公室有人時，我試過到通風好的樓道去做。十分鐘就血氣上湧，為工作狀態鋪好大道。

未時：13 點至 15 點

經過午休，元氣滿滿地繼續工作。我發現這段時間常會接到問題反饋，或者是主管臨時遞來的燙手山芋。我對2點半後的工作情緒有所戒備，這是我一天中的壓力巔峰：一方面，自己的精力和意志力處於遞減趨勢；另一方面，這個時段相對頻繁地面對很多工作上的外源性刺激。一個又一個截止日期，一波還未平息，一波又來

侵襲，同事間偶爾還會出現情緒或語言上的擦槍走火。

　　這個時候，與其說是幹活，不如說是趕活。在職場中好好傾聽，好好說話。別讓壓力一直如「山大」，而要讓壓力即有即放。如果有時間，趕緊揉揉頭，捏捏肩，讓緊張的肩頸柔軟下來，讓緊繃的頭皮鬆弛片刻。

申時：15 點至 17 點

　　這個時候，我會小餓小睏，翻包或抽屜，找健康零食來吃，如水果、堅果綜合包、牛奶或巧克力。我身邊同事看我吃東西，熱情地遞來蝦片、薯條、麻辣豆乾，我敬謝不吃。

　　我看到過重的男同事喝運動飲料，在此分享我看到的研究結論：運動飲料糖分很高，它是給運動員運動時喝的，不是日常飲料。溫白開水才是健康飲品金字塔的塔尖，三、四點後減少飲水，不然下班路上膀胱受累。

酉時：17 點至 19 點

　　開始進行工作收尾，有時間的話總結下業務新知，把明日待辦和注意事項羅列好，爽快關機。遠離加班成癮的一線城市後，能準時下班，腳步都輕兩斤。

　　和同事說說笑笑走去坐車，上車以後，我偶爾瞇一會兒，偶爾聽音樂，最近聽科幻小說。

　　我坐車不直接回家，車到商場我就下車。散會步，聽首歌，找個咖啡館開始寫作。

　　現階段，家裡有爸媽做飯帶娃，我老公的上班時間和下班回家時間比我晚，我下班後找個咖啡館寫作，基本和他同時回家，全家

一起吃飯。

有時我需要喝兩口咖啡，喝不完的打包帶給老公喝，但通常喝牛奶。以前寫作總覺得要帶著筆記型電腦才能寫，其實直接在手機上寫作也行，效率不輸電腦。回家鬧鐘響，再坐一段車，路上聽故事、相聲或脫口秀，把最好的心情調動起來，馬上要回家陪孩子了。

戌時：19 點至 21 點

回家後先和女兒玩鬧一陣，然後和爸媽一起在說笑中吃飯。我爸做的飯，豐富又營養，清淡又好吃，我早餐和午餐不夠的蛋白質或蔬菜，就在晚餐補回來。

飯後和老公推著孩子出去散步，和社區裡的有娃家庭親切交流。

回家後，邊和孩子玩，邊準備第二天要穿的衣服，要帶的堅果或水果。給孩子洗澡，然後自己迅速洗漱。陪孩子上床，聊聊天，講講故事，趁她自己玩，我就做點自己的事。比如，按摩迎香穴，淡化法令紋；按摩咀嚼時下頜活動的肌肉，避免臉部變大變寬；做臉部倒立，躺在床上，把頭移動出床邊，垂頭躺著，有利於臉部血液循環。鍛鍊腹橫肌，讓小腹更緊緻；練習貓式瑜伽，活動整條脊椎……平時看的小影片：日本最厲害瘦臉操，乳腺增生的瑜伽動作，反正標題誇張。我很少認準一個影片長久堅持，想做什麼就做什麼，有時孩子會安靜地看我做。如果她早於我睡著，我就看書。其實我也累了，看不了幾頁，也就睡了。

亥時、子時、丑時、寅時：21 點至次日 5 點

　　最近一段時間，晚上我基本 9 點半睡著。臥室裡盡量避免人工光源，小夜燈、空氣加濕器的螢光螢幕、手機充電器亮燈，統統關掉，誰也不准干擾褪黑激素的分泌。

　　以上，就是一個有孩子、要工作、要寫作、要獨處、要維繫家人的人的自律十二時辰。這樣的一天，不算最好，不算最差，屬於中上水準。北方的睡眠時間，東部的起床時間。北方的上班時間，南方的下班時間。

　　有點不容易，對不對？有孩子以後，生活有限制，但我在限制中，盡量想辦法突圍。我像打游擊戰一樣，懷著堅韌不拔的決心，挪動作戰區域，調整時間精力，讓自己在事業和家庭中巧妙平衡。

　　有人覺得「沒有辦法」就算了。而我，在沒有辦法中找辦法。因為我一定要把期待中的自己活出來呀。即使行色匆匆，但我步履堅定。

06

這些時間管理小提案，
讓你又忙又美還不累

好的時間管理，

是要快的時候能快得起來，要慢的時候能慢得下來，

在做必須做的事情時快得起來，在做想做的事情時慢得下來。

有一天看書看到這麼一句話：人生可支配的前十萬個小時是最有用的。

比如，張愛玲最好的作品寫於二十來歲的時候，莫札特、拜倫、雪萊、梵谷都是在四十歲之前有代表作的。所以趁你二、三十歲的時候，趁早學會時間管理，給自己留下「代表作」。

在工作中，你可以試試這些方法：

物色一個順手的時間管理工具。可以是紙質筆記本，如效率本、時間軸本、日程本，也可以是手機 App 或電腦軟體，如滴答清單、日程管家等。這些工具最重要的使命，不僅僅是幫你羅列待辦事項，而且能幫你找出先後順序。

養成給任務分先後順序的習慣。大多數人對於即時刺激只是被動回應，不會沉澱任務的先後順序再處理。有時候生活像打地鼠遊戲，瑣事、會議、消息像地鼠一樣，不停地冒出洞口，等著你打下去。要挑大的地鼠打，其實把一天的重點工作做完，今天就過得很充實。一個任務過來，自己腦中設置一個流程圖，這件事緊急嗎？如果是，就留住。如果不是，再問：這件事重要嗎？是就留住，不是就扔進回收站。

書寫時，建立一套只有自己懂的暗號。如果你像我一樣，用記事本、紙質清單或手帳的話，你可以建立一套只有自己懂的暗號，如暗語、符號、標記和圖像。《子彈思考整理術》裡，作者會用米字符號和三角符號代表重點，用驚嘆號代表靈感。不必寫很多的字，本子是服務效率的，不該過多占用你的精力。

做完一件事，再做另一件。明尼蘇達大學李洛伊教授有一個理論叫「注意力殘留」，就是當你突然放下一項任務，轉而去做另一件事情時，其實還有部分注意力殘留在剛剛的任務上。如果沒有其他緊急的事情插隊，最好按照你的先後順序，做完一件，再做另一件。

把自己的工作區域保持整理得當的狀態。我曾在一本書裡看到一段話：「成功的人，會將自己的桌子、所有物、日程安排全部打理得井井有條。」辦公桌的整理，先清點，再按使用頻率排序，最後有功能重複的就留下最好的。經過整理，你會發現，真正需要的物品，最終只有一小部分。把這些東西放進抽屜，上層抽屜放文具類物品，中層放手機等私人物品，下層放文件資料。文件資料分為今天要做的、有截止日期的、無限期的。整理不必嚴謹周密，不必整整齊齊，要準確知道在哪，能夠立即找到，用完馬上歸位。

在創作中，你可以試試這些方法：

拖延症的你，請把座右銘定為做就完了。瑞典作家奧洛夫・維馬爾克，以前很鬱悶，因為他的任務清單總是做不完，後來他就換了一臺老式打字機，內容無法編輯，只能硬著頭皮寫下去，不然就得從頭寫。他發現效率變高的同時，品質也變得很高。同是作家的吳淡如也說：你不要拖，只要你想寫，在一分鐘之內，一個深呼吸之後就可以寫。別想那麼多，先做再說，完成框架後，再修改細節。

創作型工作需要一個神助手：雙流原理。史考特・楊提出的雙流原理：一流是創造，懷著樂觀的心態，發散的思維，拓展思路，進行創造，自由發揮。一流是摧毀，帶著批判的眼光，清晰的邏輯，保持專注力，刪減增補完善方案。這個理論我運用多次，大大加快了我寫文章的進度。要寫一篇文章，我的思維先發散開來，想到什麼就寫下來，一口氣寫完，然後我的思維再批判起來，如這點很多人知道，沒有新意，刪；那點太過理想化，對別人的生活幫助不大，刪。這樣「雙流」下來的文章，會往又快又好的方向靠近。

在生活中，你可以試試這些方法：

體育鍛鍊會幫你提高單位時間的使用率。人在進行高心肺功能訓練以後，腦袋也會更加清明。我觀察很多厲害人士，他們都會定期運動，如果方法和強度適合你，運動後的你頭腦緩存被清空，會讓你接下來的工作效率高到誇張。

重要的事情，說三遍不如寫一遍。動手寫字所帶來的觸覺訓練更能刺激大腦，同時刺激大腦中的多個區域，所以重要的任務，就算在紙上簡單寫幾個字，印象也會更深刻。而且你在手寫時，大段

抄寫手會痠，需要精簡語言，用自己的話去概括，順便增強理解和聯想。

工具控們要克制自己本末倒置的衝動。《一寫就成真！神奇高效手帳筆記術》的作者說不必頻繁換筆，用多彩筆，每次按鍵換色，發出的喀嗒聲可以調節心情。他的手帳常用四種顏色，涵義不同：

藍色代表工作，因為藍色代表冷靜；綠色代表私事、娛樂計劃或令人期待的預定行程；紅色代表健康，紅色是生命的顏色，也有危機管理的意思；黑色代表雜事，暗示自己以平常心來做。

我有時候會有點文具控的本末倒置，喜歡買筆買本，在找筆找本上浪費了不少時間。如果是用來做時間管理的工具本，請以效率為先。

另外，如何運用「不得不」的時光，決定你會成為一個什麼樣的人。有一次我回老家和國中的班長相約吃飯，我特別興奮，很早就出發了。

因為我想看看這座城市的變化，所以沒坐地鐵，選擇坐公車，沒想到每站都塞車，我為遲到二十分鐘而道歉，她讓我不要內疚，因為她在等我時，坐在甜品店裡看 Kindle（電子閱讀器）。她從小就是學霸，去臺灣交換，去英國留學，成績好，工作棒，她就是會把「不得不」的時光充分利用好的人。

還要優先選擇能夠幫你並行時間的消費。我經常光顧一家理髮店，老闆非常安靜，如果我不開口說話，他就默默剪頭髮，幾乎不跟我說話。多次磨合後，他懂我理髮的需求，每次剪頭髮，我摘下眼鏡，閉目養神。後來有一次我看到一本書，作者說，理髮時可以冥想，不過要找安靜的店。我一下子特別感謝那家安靜的店，讓我同時完成理髮和休息這兩件事。

女人可以試試這些方法：

女人千萬不要需要陪、習慣等。我的朋友夭夭寫過一篇文章，說她和朋友外出吃飯，她們在那家飯店又排長隊，又等點餐，又等上菜，她中途想換個地方吃，但她朋友就覺得等著吧。她說的事我很有同感，因為我也發現，生活中很多女生容易需要人陪，習慣等人。學生時代，上個廁所也要你陪我我陪你，吃個飯也要你等我我等你。工作後盡量試試一個人去做這些事吧，全權掌控事件的進度，是一件很爽的事。

愛買買買的女人更要學會買時間。薩繆爾森在《經濟學》中有句話：「即使是打字速度比較快的律師，也還是雇一個打字員比較好。」

時間是可以購買的，讓專業的人做專業的事，如定期請鐘點工，給家裡來個大掃除。

對我來說，非核心業務可以買專業人士的時間，但在乎的人和在乎的事，還是親自來吧。

以前我覺得我生完孩子後在產假中會請月嫂和保母，但其實我只是讓月嫂來幫我過渡身體尚未恢復的階段，然後我就主力帶娃。因為我覺得照顧孩子是一件不可逆且讓我享受的事，產假結束後，我這樣陪她的時間就沒有了。

隨時進入狀態，也可以隨時離開狀態。最近很多讀者問我，邊帶娃邊寫文，時間都從哪兒來。首先，每個人的情況不一樣，每個小孩的需求度也不一樣，如果你的孩子生病，作息不規律，你管不了時間，只有娃管你的分。我現在的心得是，一定要培養自己可以隨時進出狀態的能力。

像我小孩現在半歲不到，差不多以三個小時為一個小輪迴，

她喝完奶後，需要我抱著消化一下。她喝完奶半小時後我會高度參與，幫她做被動操，做早教，練追視，練抬頭，陪説話。然後是她的遊戲健身時間，我只需要低度參與，幫她擺上鋼琴健身毯，她手有抓的，眼有看的，腳有蹬的，我在旁邊可以看書、做筆記、寫文章提綱或靈感等等。等她睡著，我確保有家人看著她，或把她放在安全的床上，就開始進入寫作狀態。因為不知道她什麼時候醒來，什麼時候哭叫，反而我每次趁她睡著的效率高到我自己都吃驚。她一有動靜，我可能連檔案都沒時間儲存，就馬上去看她。

好的時間管理，是要快的時候能快得起來，要慢的時候能慢得下來，在做必須做的事情時快得起來，在做想做的事情時慢得下來，會珍惜時間，更會享受時間，做時間的朋友。

07

每天堅持低強度自律，
人生反而達到新高度

生活中如果只剩下被動承受的東西，日子就沒有希望，

我需要做些主動出擊的事，即使再小，強度再低，

也讓我感到抓住了些東西，這些東西讓我心安。

最小化自律，生活再無常也有掌控感

出月子時，打算轟轟烈烈地開始產後恢復訓練。但事與願違，成為新手媽媽後，時間被劃分為以三個小時為區隔的時區，帶娃的忙碌和身體的病痛，讓我的時間和精力餘額不足，產後恢復一拖再拖。

我是一個被自律全方位塑造過的人，沒有自律打底的生活，讓我覺得沒有安全感。於是我在想，關於產後恢復，強度最低的最小化自律行為是什麼？

1. 做腹式呼吸，不管躺著或站著，只要沒事都可以做。每次做上幾個，就能有效緩解我被孩子哭鬧引起的焦慮感和無力感，平復

心情，緩釋焦灼，減少浮躁。

2. 用力式呼氣，《產後身體革命》一書中說，核心鍛鍊是讓媽咪肚恢復平坦的最佳方法。在很多產後運動中，我挑最軟的柿子捏——調整呼吸。

改掉負重時屏息的習慣，在任何要用力的時候，如從沙發上站起來，把孩子抱起來，抬起略重的水壺時，以向眼鏡上呼氣的力度緩緩呼氣。

這招我做起來得心應手，之前我練習孕期瑜伽，老師在發力的動作前，提醒要呼氣；在保持動作時，提醒要吸氣。

當生活節奏被打亂後，當時間緊張、事情繁雜時，我把產後恢復精簡成兩個簡單易做不費勁的動作。

肚子平坦了些，體重減輕了些，看來堅持最小化自律，還是有作用的。其實更大的作用是讓我覺得人生沒有失控，雖然手忙腳亂，應接不暇，但不至於把我多年維持的生活方式和理念全盤拋棄。

在我看來，生活中如果只剩下被動承受的東西，日子就沒有希望，我需要做些主動出擊的事，即使再小，強度再低，也讓我感到抓住了些東西，這些東西讓我心安。

最小化自律，是攻克「懶癌」的祕訣

《養成自律，從來都不靠硬撐》這本書裡提到 0+1+N 行動法是懶癌的剋星。0+1+N 行動法是指確定了要養成的習慣或要完成的任務後，向前邁出一步即可，走完一步後，再決定是否繼續走下去，不願意的話就停止，願意的話則繼續再走一步，直到自己願意結束

為止。

很多人覺得堅持寫作好處很多，但難以堅持下來。

我這個業餘寫作八年的人，似乎從來沒有給自己規定過每天要寫幾千字的宏偉目標。

我通常是有表達欲之後，給自己一個輕量級的小目標——今天寫個開頭。

開頭寫好後，當天狀態佳、精力足，往往會一鼓作氣寫完文章初稿；當天狀態差、沒時間，就順延到第二天再繼續。

一個輕量級的小目標，會幫我輕鬆跨越萬事開頭難的開頭，把頭開好，後面就輕鬆了。

作者的話引起我的共鳴：我們想讓自己完成某個任務或養成某個習慣，最大的敗筆是極為重視數量，卻沒有觸及真正的核心，而習慣養成的祕訣恰恰在於重跨度，輕強度。

最小化自律，就是把火力集中在從零到一上，行動先行，數量隨緣。當你降低行為的強度，不定較高的難度壁壘，給執行層面更多靈活性，反而能相對容易地堅持下來。

最小化自律，打破堅持不下去的常態

網路作家和菜頭曾在文章裡自省說，人生中絕大多數事情，他都堅持不下去，他身上擁有全人類最大的特點——懶。

多年以來他孜孜不倦地試圖克服身上的懶惰，但是從來都是被懶惰成功地征服。

他認為，凡是需要堅持去做的事情，最後多半堅持不下去，堅持下去是人生的偶然，堅持不下去才是人生的常態。

對他來說，每天堅持做的只有三件事：第一件，每天早上 8 點 20 分起床，拍一張天空照，不是為了拍攝，而是用這個方式，強迫自己的生活盡量規律一些。第二件，每天刷兩次牙，因為喜歡吃，如果牙掉光了，許多美食就無緣品嘗，萬一自己活得很久呢？第三件，每天睡前用幾分鐘時間，想想自己這一天都做了些什麼。他說，堅持做好這三件事情，已經非常不容易。

對很多人來說，這也堅持不下去，那也堅持不下去，長此以往，會對自己產生負面評價。

其實自律和堅持沒有統一標準，完全可以從不費吹灰之力的生活小事上給自己信心，小事上能堅持，比小事大一點的事說不定也能堅持。

最小化自律，持之以恆後受益巨大

有段時間，我有空就翻兩頁九邊的《向上生長》。他說自己一年過完，除了正常的上班，好像沒有做過幾件讓自己感覺「今年沒白過」的事情。因為做過的事，都堅持不了多久。

但有幾件事，他卻堅持了下來，變成了習慣。比如，堅持每天看二十分鐘的紀錄片，每天看三頁書，每天散步半小時，每天寫幾百個字。

他還每天做五個波比跳。他看到網路上有個男生每天做十分鐘的波比跳，快速減肥，增強心肺，他也照做。他給自己的任務量，從六十四個下調到十個，最後定為五個，最後堅持了下來。他的目標現在還是每天五個。如果當天狀態差，就隨便做五個；如果當天狀態好，就多做幾組。

每天看三頁書，做五個波比跳，看上去像是鬧著玩似的，可實際情況是，本來計劃看三頁書，看完之後有事就去忙，沒事就多看會，很快看完一本書；本來打算做五個波比跳，做完不過癮，又做更多個。

把每天的自律目標定低，不產生多少心理障礙，不需要太多毅力。看上去鬧著玩似的的小習慣，持之以恆後，產生巨大的複利收益。正如九邊自己的感慨：如果做一件事情，只能堅持一週，這件事再轟轟烈烈，也沒有什麼可炫耀。而一件無足輕重的事，堅持了幾年，甚至十幾年，會產生翻天覆地的效果。

做一件低目標、低強度的事，容易開始，容易堅持，每天堅持最小化自律，會讓你達到新高度。

當我們談自律的時候，如果都是高強度、持續性的自律，會讓我們對自律望而卻步。其實，我們也可以談談低強度、碎片化的最小化自律。因為懶惰和拖延是人性中的必然，沒時間和沒條件也是環境中的必然。

如果你原本的自律生活被打亂，如果你是自律門外漢或入門者，最小化自律簡直就是為你量身打造。別說今年不看一百本書誓不為人，把書放在手邊每天翻看兩頁試試；別說今年不減十斤肉不換頭像，不吃每頓碗裡的最後一口飯試試。

這些年，透過對人對己的觀察，我發現有些人最開始想做一件大事，結果三天打魚兩天晒網，最後都會不了了之；而最開始只讓自己堅持最小化自律的人，人生反而達到新高度。

為什麼？

因為最小化自律，沒有多少心理負擔，不用多少心理建設，無須多少意志訓練，輕鬆從容地開始，跨越萬事開頭難的開頭後，往

往在慣性的作用下，順其自然地做完超越期待的任務，讓堅持變成一件難度係數很低，甚至享受的事。

　　我很相信一個公式：最小化自律 × 每天 = 人生新高度。就算只堅持最基礎、最節能，類似起步價式的自律，你也會覺得生活的方向盤，還一直在自己的手裡。

Chapter 4

溝 通 提 案

所謂「言值」高，就是會好好說話

真正的高手，說話目的性很強。

他們很少因為支線上的雜事或意外，耽誤主線上的專注，腦子裡時刻繃著「要把想做的事情做好」這根弦，於是說話輕重分明，突出重點。

說事的基本邏輯是，明確主題，先說結論，後說原因，再談建議，每個環節若有多種情況，就分點說明，三、四點足矣，不要貪多，最好有先後順序的層次結構。

01

你的情商低就低在，
說話缺乏「目的性」

他們很少因為支線上的雜事或意外，耽誤主線上的專注，

腦子裡時刻繃著「要把想做的事情做好」這根弦，

於是說話輕重分明，突出重點。

所謂說話情商高，就是說話有目的性

百度 AI 開發者大會上，百度創始人李彥宏在演講中突然被一男子潑水。

當時李彥宏正介紹百度在無人駕駛汽車領域的進展，面對突如其來的狀況，他表現淡定，疑惑大於憤怒地問了一句："What's your problem?"（你怎麼回事？）

男子被帶走後，觀眾才意識到，這是一個突發狀況，李彥宏迅速調整情緒，他說：「大家看到在 AI 前進的道路上，還是會有各種各樣想不到的事情會發生，但是我們前行的決心不會改變。」現場響起了熱烈的掌聲。

這件事發生後，很多文章稱讚李彥宏能控制情緒，但在我看來，演講者與搗亂者激烈撕扯才反常，因為人們更容易在公共場合控制好自己的情緒。

我覺得李彥宏的厲害之處在於，就算現場發生意外，還把意外和主題做了關聯：把現場意想不到的潑水事故，比作事業前進路上難以預估的障礙。這是他對活動目標的念念不忘，必有迴響。

從這件事中，我得出的結論是：**真正的高手，說話目的性很強。**

他們很少因為支線上的雜事或意外，耽誤主線上的專注，腦子裡時刻繃著「要把想做的事情做好」這根弦，於是說話輕重分明，突出重點。

有人說，所謂情商高，就是會說話；我覺得，所謂會說話，就是說話有目的，根據目的說效率最高的話。

所謂業務能力強，就是說話有目的性

美劇《傲骨之戰》有一集，在庭審中，法官特別重視和陪審團成員們的互動，於是，雙方律師不約而同地使用更少的法律術語，用更生活化的語言詢問證人。

阿德里安在整個詢問過程中，用情緒充沛、幽默聰明的辯詞，贏得了陪審團的好感。

他站得離陪審團很近，試圖拉近心理距離，放慢語速，故意煽情，和陪審團有更多眼神交流，朗讀證據時更加抑揚頓挫，發言完畢，陪審團為他鼓掌。

美國傳播學者有個研究，小布希是個精明的演講者。聽眾中女性居多時，他會強調理解、和平、安全和保護，使用更多帶來安全

感的概念和詞語；男性關注居多時，他會炫耀軍事行動，強調幽默感。

有一次聽奇葩團隊的「當眾表達」課，黃執中說：「根據演講的場合和目的，決定目標聽眾，然後選擇演說策略。」

是該選擇引起更多人共鳴的多數順應，還是吸引有決策權的人的權力順應，或是讓理解力最差的人聽懂的少數順應？

黃執中在需要多數順應的場合，上場時先觀察聽眾的性別比例，然後同一個意思，有不同的說法：

如果現場女生居多，他會切換成女性視角：如果我今天有個男朋友，我也看不慣他天天打電動。

如果現場男生為主，用他原初的男性視角：我也覺得打電動，不是什麼太好的事情。

辯論選手馬薇薇在需要權力順應的場合，如在馬來西亞的一次辯論中，那場比賽她質詢對手完全不留情面。

比賽結束後，隊友問馬薇薇發生了什麼事，剛剛是不是太衝動了？馬薇薇說沒事，因為在場上，她剛質詢時就觀察評委的反應，每當自己辯論得更凶狠時，多數評委會頻頻點頭，所以她覺得評委們喜歡這種風格，所以她的凶狠，不是失控，而是精準調整的一種結果。

對律師、政客和辯論選手來說，說話是他們的核心業務能力，他們說話之前，就有清晰的說話目的——贏得官司、贏得選票或贏得比賽。觀察說話的目標受眾後，選擇最為恰當的說話策略。

所謂感情關係好，就是說話有目的性

作為天蠍女，我曾經在感情中，把正話反說、口是心非、故作高冷運用到極致。

剛結婚那陣，老公下班到家，我正在做飯，他問要不要幫忙，我心裡暗自期待就算不幫忙也來旁邊陪我聊天，但嘴上只說不用了。

他去客廳看電視，我邊炒菜邊生悶氣，還沒吃飯，就已氣飽。吃完飯，老公終於發現我不對勁，問我是不是生氣了，我又覺得承認為這點小事生氣很沒面子，於是口是心非地說沒生氣。

悟性欠佳的他果然又信了，該吃吃該玩玩，我在心裡把這個遲頓、不解風情的人埋怨了一百遍。

等他確定我生氣，我忍無可忍罵了幾句狠話後，就拉開冷戰序幕，任他認錯道歉，我故作高冷。

這系列戲碼重複上演，每次都把我折磨得肝鬱和失眠，我開始自省，就是因為我說話聲東擊西，真假難辨，心裡想一套，嘴上說一套，模糊了內心的訴求，增加了溝通成本，這種高內耗的溝通方式也在消耗著我們的感情。

我結婚之後的一大心得就是，學著在家說話帶著目的性。

我的目的是家庭氛圍好，夫妻感情好，針對我老公這個粗線條和直腸子，我最好不繞彎子地有話直說。

心裡缺愛就直接說需要你陪，不再故意叫人走開；心裡吃醋就承認你很有魅力，不再叫囂著不在乎。

腦子裡繃著「氛圍好、感情好」這根弦，顯著降低了為了瑣事爭吵的機率，裝潢選家具，吃飯挑餐廳，覺得家人心情更重要，如

果人不開心，買到最好看的家具，找到最好吃的餐廳，也沒心思享受。

感情裡有多少人，心裡明明希望和對方親近，卻用難聽的語言，把對方推向無窮遠。

常常有讀者給我留言：
「我和最好的朋友鬧翻了，我很後悔說了那些傷人的話。」
「我和客戶溝通修改意見，結果我沒控制好情緒失態了。」
「我和對象吵架了，我覺得自己有錯，但又拉不下臉來。」
⋯⋯

在我看來，學會帶著目的說話，能解決其中很多問題。有效避免放狠話的後悔和內耗，就算情緒來了，也能好好說話；知道心中的目的先後順序，情誼和面子孰輕孰重，真相和氣氛哪個重要，很多困惑不攻自破。

有人可能會覺得，帶著目的說話，感覺很有心機，而且很累。

我們討厭的是損人利己的目的，以及為達到這種目的不擇手段。而目的正當，能實現雙贏；手段正當，選擇好方法的美好「心機」，只會嫌少不會嫌多。

說話帶有目的性，不是讓你偽裝自己，迎合別人，見人說人話，見鬼說鬼話，而是自我訴求和對方需求相疊加後，選擇更高效、更少誤會的說話方式和說服方式。

以前跟我合租的一個小女孩，有一次知道部門新人的薪資比她高，就去找主管談加薪，她先是覺得薪資結構不公平，後來又訴苦生活成本高。

她的目的是加薪，但她不管主管的目的可能是追求職員 CP 值，

新人的目的可能是不想讓主管知道自己私聊本該保密的薪資問題。

如果她拿數據說明自己的績效和不可或缺度，更能滿足三者的目標疊加。據我觀察，誰都不傻，雙贏或多贏的事更容易談成。

沒有目標性地說話，容易說著說著被別人帶跑偏，被情緒帶跑偏，被意外帶跑偏。低於正常的溝通效率，低於預期的溝通效果，收拾情緒和事態的爛攤子，不是更累嗎？

而當你試著說話帶有目的性時，一方面，你在聽別人的言論時，結合發言者的立場和目標受眾，更能深入地思考觀點，更能保持大腦的清醒，邏輯的清晰，而不至於走極端：要麼單純沉醉得不知歸路，要麼偏頗地覺得發言者三觀不正。另一方面，有人可能在職場或對外人，知道自己說話要有目的，卻往往和親近的人說話忘了目的。反思對待家人朋友、對待主管同事，我們的目標和為達到目標的最佳策略，減少情緒和衝動帶來的損耗性摩擦。

有時候一個人說話沒有目標，渾渾噩噩，其實反映出這個人特別迷茫，得過且過，缺乏自省。

問他想吃什麼菜，他說無所謂；問他想找什麼樣的對象，他說看感覺；問他想做什麼工作，他說沒有特別想做的；問他說話不顧後果嗎，他說太麻煩了……

在我看來，最怕你沒有目標，也懶得找目標，更懶得為了目標去積累、改良、堅持，還安慰自己人生自在最重要。

02

好的溝通力，價值幾個億

好好說話，好好溝通，絕對不只是教條地結構總分總，

分點 123，誇人要具體，自嘲要幽默，

把最高的情商給最親的人。

有段時間，我和老公萌生了換學區房的念頭。

某個週六上午，我們跟著仲介看房，晚上到同事家吃晚飯。同事兩年前在另一片區購買學區房，孩子剛上一年級，我們心懷問題，想去取經。

到同事家後，我和同事在廚房備菜期間，她問我：「你和你老公都同意買學區房嗎？」我回答：「先是我臨時起意，兩人迅速達成一致，準備一邊把房子掛出去，一邊看看附近的學區房。」

同事突發羨慕，說她和她老公為了學區房，爭執了幾年。

夫妻本是同林鳥，意見不合就開吵。

她孩子一兩歲時，她提議換學區房，她老公不同意，從城市格局到城市經濟，從學區房政策到教育公平，分析得頭頭是道。直到

孩子上學迫在眉睫，最後多花兩倍錢，買了套老房子。現在，老公怪她盲目追捧學區房，她怪老公游移不定錯過最佳時期。

本來想和同事聊聊夫妻溝通術的，但飯菜做好後，全員吃飯，話題戛然而止。

我想起在我離開深圳前，看了南山區很多小戶型房子，那時我已經存了筆錢，我跟我媽表態，希望她贊助我不夠的首付，以後房貸我自己還。我媽覺得，沒結婚，沒必要。

一年不到，深圳南山的房價升值迅猛，有一次我跟我媽開玩笑說：「如果當時你入股贊助我買房，我們現在就有錢了。」

我媽笑答：「那也怪你不堅定，沒有說服我，如果你非要，我肯定給你。」

從此以後，我學會一個道理：如果對自己很重要的事，做了大量功課，具備承擔風險的心理和能力，那麼，下一步就是**說服需要的人支持你**。

日立集團曾在鉅額虧損時，由六十九歲的川村隆擔任社長，助日立集團起死回生。

他說，自己的身後，再也沒有任何人，自己抱著成為「最後一人」的心態上任。

承擔最終責任的人是你，做出最終決定的人是你。我再加一條，**好好溝通獲得支持減少阻力的人**，也是你。

很多失敗的溝通，一方總覺得另一方沒有好好說話，但我們可以成為溝通的最後一人。

好好溝通這張網太大了，我想先從三個影響權重最高的人入手，分別是配偶、主管和孩子。

夫妻：舒心順意的溝通法則

小到瑣事，大到買房，配偶是我們重要的戰略夥伴，如何溝通，達成一致，減少內耗，共同辦事，這很重要。

我看過《溝通的方法》作者脫不花分享過的一個溝通理論：**在瞭解對方溝通風格的前提下，溝通效率會大幅提升。**

根據不同人的溝通特點，有四種共性的溝通類型，分別是**控制型、表現型、謹慎型和溫和型**，用動物比喻，方便記憶，分別是老虎、孔雀、貓頭鷹和無尾熊。

婚齡五年，經過磨合，我對雙方的溝通類型都有判斷。

我接近老虎，喜歡祈使句，表達較直接，總想快速進入說正事環節，難以忍受亂作一團的狀況，目標感強，控制欲強。

我老公接近貓頭鷹，熱愛電子表格，迷戀流程，處事周全，表態較慢，講究事實和依據，在表達一件事前，會蒐集足夠的證據。

其實我衝動提出換學區房時，他也不贊成，透過溝通，我知道他有兩個擔心：一是孩子壓力大；二是政策不明朗。

我重點蒐集該學區小學、國中畢業的孩子對老師和學校的評價，還去找有孩子在我們目標學區的學校上學的同事交流。

我的擔心只多不少，做了很多功課，近三年的高材生和整體學生高分人數，近五年小學預計入學人數，學區內人口流入流出情況等等。

政策情況很難確定，根據目前的趨勢，買了學區房，不代表孩子能讀好學校，孩子就學習好，高考能考好，人生就能幸福。

而風險是沒能上好學校，房子降價都難脫手。

我把證據和風險一條一條地跟我老公說，說著說著，他同意

了，有幹勁了，我們迅速分工，開始行動。

夫妻長時間相處，應該更加瞭解自己和對方，知道對方的溝通風格，探索互相適配的溝通風格，讓家裡氣氛更加和諧，生活更加舒心順意。

職場：積極主動的溝通法則

《溝通的方法》一書裡，講了兩個職場積極溝通術，**換時間和換地點**，讓我覺得有用到相見恨晚。

換時間的招數演示：

某個週五接近下班時，主管突然叫住你，說想給你調到客服部門，問你覺得怎樣？

這一切來得突然，毫無心理準備，答行或不行，都是壓力反應，容易後悔，週末也過不好。

這種時候，就採用換時間戰術，回覆主管：這麼重要的事，我得想想，明天或後天給您答覆，可以嗎？

重點不在於給你多少時間，而是化被動為主動，下次你找主管，你就是溝通的發起者，攜帶著想好的目標、條件、計劃、要求，來跟主管溝通。

在跟客戶或同事的溝通中，當對方開始咄咄逼人，你也好想開啟反擊模式，但你知道這樣的後果更麻煩，你仍然可以成為溝通中的最後一人，用「暫停一分鐘」來變更時間。

對方激動，場面凌亂，對話毫無建設性，你可以說「給我一分鐘，去個洗手間」或「給我一分鐘，去接個電話」。

其間雙方恢復冷靜，回來之後，溝通的節奏、氣場和環境，都

會變得更理想。

換場合的招數演示：

主管業績壓力大，緊急開會，說：「接下來一個月，要大幹一場，取消休假，全力衝刺，大家有問題嗎？」

像這種時候，就算你真有問題，也不要當場說，不然主管可能當場發飆：你是不是公司的人，公司戰略跟你沒關是吧？

主管當眾打的氣，被你瞬間扎了一個孔。

這就需要換場合，在大的場合，主管代表了公司，要維持公司形象，你當眾拒絕，讓他陷入兩難，作為公司代表的他答應你的特殊要求，也得應允別人搞特殊。

而私下跟他說，趁他在辦公室時，敲門進去，說明情況，表明難處，在只有你倆的辦公室裡，主管只代表個人，他也會從公司視角切換為常人視角。

在職場的溝通中，有強勢主動的一方，也有弱勢被動的一方，不要認為溝通是一方「搞定」另一方的有限遊戲，其實溝通是一場無限遊戲。

親子：克服提前糾錯的衝動

有了孩子後，我預習如何和孩子說話。

被評為上海「海上最美家庭」的沈奕斐博士，向糾錯型父母發出預警。

她說，以前老一輩父母忙於工作，沒時間管孩子、陪孩子，孩子犯錯了打一頓。

現在的年輕爸媽，覺得打罵型教育暴力，但過於關心孩子的他

們，容易走上另一個極端，就是提前溫柔糾錯。

孩子都還沒做錯什麼，爸媽就開始糾錯：寶貝別遲到了，多穿衣服不然著涼，東西不要掉在地上……

看似素質高、有耐心、關心孩子，但這種提前 + 溫和 + 持久型習慣糾錯的家長，對孩子的傷害度也難以估量。

小孩有本我和自我，本我偏向欲望，自己慣著本我一時爽以後，發現代價，於是主動在體內成長出自我，來壓制本我。

比如，有種冷，叫媽媽覺得你冷。

小孩子，本我懶得出門添衣服，但不穿冷得難受，容易生病。逐漸意識到本我太放縱了，應該讓自我發展一下。

但糾錯型父母一直嘮叨著孩子多穿點，按照自己的體質給孩子厚厚地裹上。

不如試試，提醒孩子外面的溫度，三歲以上的孩子有選擇是否穿衣的自由，孩子不聽，自擔後果。

提前糾錯型的父母的所謂關心，提前扮演了小孩的自我，限制了孩子本應自己成長起來的自我。

自我缺乏成長，孩子缺乏這個年齡本該有的生機勃勃的求知欲和好奇心，反而自信心缺失，覺得自己不被信任，好像什麼都做不好，懶懶的、煩煩的，甚至在青春期特別叛逆，開始反抗。

很多時候，**父母比孩子更需要學習，豐富自己的溝通工具箱，讓孩子對來自父母的愛可視化。**

我在教孩子牙牙學語時意識到能好好說話、好好溝通的成年人並不多。尤其是在高壓下，溝通不僅無效，甚至為負分。

雖然我們的溝通能力很難全面突飛猛進，但至少較為重要的配偶、主管、孩子，關係到我們的愛與錢，需要我們多花心思，多花

腦子，不被本能牽著走。

好好說話，好好溝通，絕對不只是教條地結構總分總，分點123，誇人要具體，自嘲要幽默，把最高的情商給最親的人。

乍一看是話術，**背後卻是對人性、心理、情緒、局勢的拿捏。**

重點領域單點突破後，再把心得總結成自己獨家有效的溝通法，舉一反三地延展到生活、博奕、工作當中。

會不會溝通，買賣房子時，相差幾十萬元太正常了。

不會溝通，上綜藝節目，損失上億元也有可能。

溝通就算不能重新洗牌，也能帶來新牌，改變格局。當然，就算這次沒有溝通得特別理想，也能吸取經驗，造福下次，不要陷入過多自責、反覆愧疚的內耗旋渦中。

總之，在溝通上，就算不能成為最後一人，也要成為關鍵一人。好的溝通力，價值幾個億。

03

別讓低「言值」，拖垮你的高顏值

說事的基本邏輯是，明確主題，先說結論，後說原因，再談建議，
每個環節若有多種情況，就分點說明，三、四點足矣，不要貪多，
最好有先後順序的層次結構。

　　顏值高，讓你有個好看的皮囊；「言值」高，讓你有個有趣的
靈魂；所以，顏值和「言值」，兩手都要抓，兩手都要硬。這篇聚
焦於言值，開門見山吧。

把普通話練標準

　　有一次我接到一個電話，說我購買的衣服染色劑超標，廠家雙
倍賠款，我覺得對方普通話太差，心裡生疑，就去問電商客服，果
然是疫情期間出現的騙局。這個詐騙電話因普通話不標準而露餡，
說普通話是言值的表面工程也不算誇張。

　　不管你祖籍是哪裡，口音如何，只要你想練好普通話，絕對會有

進步，我的讀書會聽友不定期會跟我說，我的普通話進步得很勵志。

我有南方口音，平翹舌音和前後鼻音傻傻分不清楚，常在不該兒化音的地方兒化處理，後來待過幾個地方，雜糅了浙江的軟嗲、廣東的倒裝和東北的音調，所以我的普通話很有特色，身邊朋友也覺得好玩。

但從要用聲音和聽眾交流時，性質就變了，線上語音分享和讀書會，需要我普通話標準，不然會影響聽眾獲取訊息。

我階段性地練習，取得階段性的進步，下面分享我實踐過好用的招數：鎖定弱項，可以用「普通話測試」、「普通話學習」等 App 來測試和練習，按照指示讀詞組、句子或段落，迅速定位發音優缺點，然後著重練習自己的弱項。加強唇肌，相聲演員為了口齒清楚，從小練貫口、繞口令，多做唇部操和舌部操，越練唇肌越有力，發音越清晰，肺活量越大，越會找氣口，說話越順暢，口誤和結巴顯著減少。

每天找份資料練習朗讀，行業文件或新聞報導都行，記錄下常錯或拗口的詞，像我就記下「種族主義組織」、「眾所周知」、「三十三歲」、「村上春樹」等我要練好久才說得對的詞，沒事練著玩。

減少語助詞

我發現電視上能靠嘴吃飯的人，語助詞很少，我平時會用筆計類 App「訊飛語記」，試著複述一本書或表達一件事，語音轉化為文字後，數數裡面諸如「嗯」、「啊」、「吧」之類的語助詞，以後說話時盡量注意，能少則少。

我試過的方法中，效果最明顯的有兩個：一是放慢語速；二是當想說語助詞時，閉上嘴巴，用靜音來取代助詞。表達過程去語助

詞，我覺得再注意也做不到完全去除，但少說一些，這可以做到。

拿捏好場合分寸感

言值高的人，說話有分寸感。

黃執中有一個理論，把不同場合的分寸感解釋得簡單明白。他按人數多少和場合正式程度這兩個維度，劃分出四個象限。

人數越少，我們和聽眾的心理距離越近，聽眾對我們的包容度越高。這時的表達，最容易傳達親密感，說話是為了彼此分享。

人數越多，心理距離被漸漸拉開，聽眾對我們的包容度越低，這時候的表達，傳達的是權威感，說話是為了造成改變和影響。

正式和非正式，是根據聽眾的目的性高低來劃分的。

聽眾目的性越高，有特定的主題，他們對所講的內容就越會有明確的期待，所以我們表達的關鍵就是交付感。

聽眾目的性越低，注意力就越不集中，表達的關鍵就是吸引力。利用這個坐標軸，我覺得應對很多不同的說話場合，你會更有分寸。

說話注重邏輯性

漫無邊際地聊天和說閒話不在討論範圍內，一旦進入談事環節，缺乏邏輯感的說話方式就太失分寸了。比如，結論後置，求幫忙、講笑話或說正事時，長篇大論，東拉西扯，把事情的前因後果、起承轉合鋪墊個夠，訴求、包袱或結論出來前，早已耗光別人的耐性。

沒有主線，想到哪就說到哪，一件事沒有講完，突然解釋其中涉及的某個要素，像一個圈沒有畫完又畫另一個，一段時間後沒有

一個閉合的圈，這場聊天彷彿一張充滿小半圓的混亂草稿紙。

細節能讓表達更生動，但關鍵是要把主線說清楚。

在我看來，說事的基本邏輯是，明確主題，先說結論，後說原因，再談建議，每個環節若有多種情況，就分點說明，三、四點足矣，不要貪多，最好有先後順序的層次結構。

有邏輯約等於有條理，拆解「條理」，「條」是主題和主線，先說什麼，後說什麼，說完一件再說另一件；「理」是論據和論證，你的論據和論證方式能夠支撐你的觀點。

另外，關於語句的選擇，主動句，能夠加快節奏；而被動句，可以強調效果。

高言值核心是開放的態度

言值低的人常常很固執，愛用否定句，聽不進別人說的話，覺得自己永遠正確。像去外地旅行，他覺得路上不同的美食風味、風土人情和自然景觀都比不上老家的，和他交流，像玩擊鼓傳花的遊戲，逢他必輸。

解決固執有個方法，是即興喜劇中常用的 "yes, and" 練習。產品人梁寧說自己長期以來，說話都是正面硬剛，日常說話頻繁使用否定詞，如「不是」、「這個不行」、「不對」、「我不這麼認為」。

有一次她參加喜劇從業者李新的實體課程，第一節課是 "yes, and" 練習，玩法是不管你的夥伴對你說什麼，你都要說 "yes"，然後再添加一個訊息 "and"。梁寧剛開始覺得困難，努力不讓自己說「不」，笨拙地接住夥伴拋過來的問題，後來慢慢捕捉到夥伴匪夷所思的提議中的有趣之處。

　　梁寧事後反思，把「不」做口頭禪的自己，常是衝突的發起者，世界上總有人和你利益不一致，說「不」時，是對自我意願完整性的保護，但同時也拒絕甚至傷害了同伴的意願和創造力。

　　生活中有需要捍衛原則的時候，但大多數時候就像是一場永不落幕的即興喜劇，說「不」，一切能量流動就停止了。

　　而 "yes, and" 是要先學會接受，接受對方在流動的能量，接受與自己利益不一致的部分，然後添加資訊，把自己的能量添加上去，讓流動繼續。

有趣是言值的附加分

　　我覺得，經常看喜劇電影、電視劇、國內外脫口秀等，不僅非常解壓，還能在潛移默化中提高說話的有趣度。我很愛看各種脫口秀，時事熱點看崔娃（崔佛·諾亞），生活日常看阿金卡卡（麥克·麥肯泰爾），國內的各種脫口秀也不會錯過。

　　言談之中，加入「段子」這種成分，會將言值提高很多。專業喜劇人透露過段子的套路：段子＝鋪墊＋包袱，鋪墊需要簡潔。包袱需要注意兩點：（1）笑點放在句子的越後面越好笑；（2）說話包袱要乾脆利落地打住。我目前很愛觀察式笑話，所以很喜歡英國脫口秀演員阿金卡卡的脫口秀。

　　在生活中，但凡有人發現一些集體無意識的生活場景，用恰到好處的說法，把其中的吊詭表達出來，我會很欣賞這類人，覺得他們是認真生活，積極思考，有洞察力，說話會製造意外感的高手。

　　有趣的言值，來自豐富的靈魂，讀書、行走、思考，與不同的人高品質地交流，都是往靈魂裡注入豐盛力量的要素。

04

趕緊把自己當作網紅來培養吧

循序漸進，打好底子，

這些「蓄水」的基礎建設工程，難以速成，難以糊弄。

留心生活，有表達欲後，針對主題，確定思路，認真準備文本，

沒有信手拈來，只有充分準備。

短影片越來越流行了。

我平時看短影片，重點關注育兒、養生、美容、勵志、書籍介紹等內容領域。部落客們皮膚光潔，髮型時尚，表達流暢，內容有趣。

某天，看著影片的我，鬼使神差地點開「拍照」按鈕。經過默認的濾鏡和美顏，螢幕中的自己顏值大漲。自帶上妝效果，且比化過妝更理想，毛孔隱形，皮膚粉白，無斑無痘，頸紋隱身，濾鏡功能把自己一鍵變身為氣質美女。我心生感慨：如果真人長這麼好看，那多方便啊。

我又鬼使神差地按下「錄影」按鈕。對著鏡頭，或複述一本書，或點評新電影，或講個脫口秀段子，或分享一個健康食譜。錄的時候，自我感覺明星附體，播放時，還沒看完就想刪除。嗯嗯啊啊的語

助詞太多，「這個」、「那個」的連接詞不少，有些關聯詞明顯用錯，表情略顯刻意做作。有時眼睛上翻，有時撇動嘴唇，小動作過多，顯得整個人不大氣。談吐不夠流利，即興文案連自己都沒吸引到。

越看自己的影片，越覺得部落客們不簡單，雖然她們不太可能就這麼心血來潮、不修邊幅、沒寫腳本地隨便一錄就是成片，但成片裡的表現，足以看出她們內容管理、形象管理和表情管理等功力。她們中的大多數，下了一盤「把自己培養成網紅」的大棋。

我對自己提了個要求，按照網紅的標準去培養自己。

平時增強內功：見多識廣，博覽群書，體悟人生，積極思考。

日常皮囊建設：健康飲食，保持運動，心態良好，作息規律。

定期拍攝影片：每週一次，僅自己可見，發揚長處，彌補「缺點」。

循序漸進，打好底子，這些「蓄水」的基礎建設工程，難以速成，難以糊弄。

留心生活，有表達欲後，針對主題，確定思路，認真準備文本，沒有信手拈來，只有充分準備。

《奇葩說》第七季，最讓我驚喜的選手是小鹿，事後看到她的採訪，她說：「我們線下演出一個高品質的段子，一分鐘有四個笑點，這是優秀脫口秀演員必備的素質，對於《奇葩說》的文檔，一般是圍繞辯題先寫一百個點，然後挑出二十個點來成稿，成稿時又改好幾版，盡量在論點中以笑點為支撐。」

腦子裡的思考，文本上的準備，好好表達出來，這一環至關重要。有一天我和老公聊天，他說當天面試了一位應徵者，日文系畢業，有留日背景。面試時，他向對方提問：你做過什麼改善流程的

工作內容嗎？對方條件反射地先說有，侃侃而談幾分鐘。老公告訴我，那位應徵者的發言，內容大而無當，大方向沒錯，但到具體層面模糊不清，條理混亂；而且在表述過程中，語助詞較多，不知是面試緊張，還是缺乏自信。老公說自己以前作為面試者，這次作為面試官，立場不同，感受不同，從中學到三點：

1. 不太清楚的業務問題，就如實回答，東拉西扯說不到點子上，會降低印象分。

2. 回答問題前，迅速把要說的內容填充到「總分總」的框架結構中，在「分」的環節，可用 123 分點說明，而且要強調內容重點。

3. 試著放慢語速，職場中說話，要對說話內容負責，邊思考邊說話，能減少漏洞。多數主管講話又慢又謹慎，邏輯重音明確，方便別人清晰抓取重點。

當「僅自己可見」的短影片讓我感到達到量變引起質變的臨界點了，我做了一番心理建設，決定邁出舒適圈半步，把自己的短影片展示出來。於是短時間之內，暴露了自己更多的弱點，趕緊補救來點突破吧。

一、針對表達風格的問題

看了很多口播型的短影片，如果按部落客的表達風格來分，有作家型、專家學者型、意見領袖型、新手小白型、表演達人型等，需要根據自己的情況，找到在影片拍攝中自然舒展的狀態。

我覺得自己更加偏向於作家型的風格，就是觀點一般，偶有新意，文本較強，稍有美感，表演很弱，讓人走神。

聽說迪士尼電影有個編劇公式，即 SCRM 模型，S 是 suspense，

建立懸念；C 是 challenge，打破預設；R 是 resonance，引發共情；M 是 message，傳達主旨。

我覺得自己可以借鑑這個公式的一部分，讓文本更有吸引力，如果開頭平淡，觀眾早把你的影片滑走了，一兩分鐘的短影片同樣需要起承轉合，在文本上弱化書面感，強化口語感，琢磨紮實的內容和抓人的表達，在表演上克服怯場和呆板，朝落落大方、自信知性的風格靠近。

二、針對說話節奏的問題

我很愛聽 TED 的演講，我發現高超的演講者都是節奏大師，抑揚頓挫和輕重緩急把握得恰到好處。在介紹重要概念或者解釋複雜理論時，會放慢語速，停頓時間更長，表情也相對嚴肅；而在講有趣的故事，說比較輕鬆的事情時，會加快說話速度。

TED 掌門人克里斯·安德森傳授過方法：拿出你的演講稿，在每個句子中找到兩三個最重要的詞語，在其下劃線；在每段中找到那個尤為重要的詞，再畫兩道下劃線；在有趣的小故事處，畫粉色的小圓點。重新朗讀演講稿時，在每個標記處變換語調。看到粉色小點時要微笑，在下劃線處要強調。

三、針對小動作過多的問題

我復盤自己錄的幾段小影片，心想：我平時和別人說話，該不會是這個鬼樣子吧？按照我之前的設想，職場中的表達，偏向高冷、專業、簡潔。私底下以自然舒服為主。希望我影片裡的小動作只是由於面對鏡頭不習慣而導致的。

我在職場中有個發現，女性主管職位越高，專業度越高，她說

話和肢體語言上的小動作越少。我最近碰到本市的某位三八紅旗手[5]候選人，看人家發言，表情自然，沒有什麼撩頭髮、摸鼻子、扶眼鏡、眼神晃動過多等問題。

四、針對視覺形象的問題

我喜歡的內容型網紅，有多美嗎？談不上，只是讓人感覺知性、舒服罷了。影片中的她們，很少穿誇張的衣服，多為款式簡單、穿著舒服的衣服。但確實很少看到穿亮白色、深黑色，有密集圖案的衣服，而且熨燙平整，乾淨整潔。

我聽現場看過網紅直播的人總結，拍照顯胖，上鏡吃妝。所以很多主播真人很瘦，妝容濃重，還有網紅大方分享自己做各種醫美項目的經歷。但不管怎麼說，我關注的網紅，基本都走內容路線，我不需要去在意網紅的顏值，畢竟我有更好的選擇，我在意明星的顏值，看演員的戲，聽歌手的歌。我看網紅輸出的內容，形象好當然加分，但不只是為了她們的形象而看。

反正，把自己當個網紅去培養吧，看看自己在觀點的累積、成型、輸出哪個環節問題較多，逐一改善。希望腦子裡運化出來的閃光思考，不要因為表達而搞砸。儘管很多人不太可能成為 YouTuber，但這些改善，在工作中、生活中、人際關係中，幫助很大。

成為身懷絕技的人，即使無須施展。

---

[5] 三八紅旗手：每年 3 月 8 日，由中華全國婦女聯合會頒給優秀勞動婦女的榮譽稱號。

05

讀書筆記，讓我遇見更好的自己

很多有見解的人，都是筆記狂人。

馬克思為了寫《資本論》，

閱讀和做札記的書籍就超過一千五百種；

果戈里有本包羅萬象的大筆記本，

思想言論、史地知識和風土人情無所不包。

很多時候，我會把看過的書和讀書筆記發到網路上。做讀書筆記的習慣引起不少讀者的注意，有讀者希望我分享一下如何做讀書筆記。

我曾試過不做筆記地看書，事後想引述內容，腦中常是一團模糊，記不清在哪裡看過而無從找起的滋味，讓我覺得挫敗。

而看書做筆記的對照組，用眼用手用心抄寫過的詞句，印象更深刻，感受更強烈，有事沒事就翻看，每遍給我不同的感受。

就像有人喝咖啡必須搭配咖啡伴侶一樣，做筆記也成為我的讀書伴侶。

我發現，很多有見解的人，都是筆記狂人。馬克思為了寫《資

本論》，閱讀和做札記的書籍就超過一千五百種；果戈里有本包羅萬象的大筆記本，思想言論、史地知識和風土人情無所不包。

經我歸納，有三種比較典型的筆記類型：

一、電子筆記法

有一位自媒體紅人，書摘記了二十多萬字，她把精華部分打進電腦，整理到書摘文檔，時不時翻看，並全部背下來，她說她文章中的引用都是靠記憶的，她狠狠強調「反覆閱讀和背誦」。

二、簡報筆記法

李敖說自己看書很少會忘，「看完了這本書，這本書就大卸八塊，書進了資料夾，才算看完這本書」。

他先把書要麼去影印，要麼買兩本，再把需要的內容從書裡剪下來，像圖書館般詳細分類，哲學類、宗教類；宗教類再分佛教類、道教類、天主教類；天主教類還可以分，他分出幾千個分類，全部收入資料夾裡。

三、反芻筆記法

錢鍾書做筆記的時間，可能是讀書的一倍。

他的筆記習慣，緣於牛津大學圖書館的圖書不外借，只准攜帶筆記本和鉛筆，書上不准留下任何痕跡，他只能邊讀邊記。

別人誇他過目不忘，他不認為自己有那麼「神」。他好讀書，還做筆記，不僅讀一遍、兩遍，還會讀三遍、四遍，筆記上不斷地添補，不斷反芻。所以他讀書量大，但遺忘率低。

擁有外文筆記 211 本，中文筆記 1.5 萬頁的錢鍾書，有句話讓

我感同身受：一本書，第二遍再讀，總會發現讀第一遍時會有很多疏忽，最精彩的句子，要讀幾遍之後才發現。

正如奧野宣之在《閱讀力》中說：**讀書筆記可以幫助我們深刻吸收書的內容，磨練出更好的原創思考。**

不同時代背景下的寫作者，都在用各種方式致敬著筆記，筆記也見證了他們的成長和成功。

我媽是小學語文老師，她從小就讓我看課外書時摘錄好詞好句，我也早就養成習慣。當我開始寫作以後，因為寫作需要大量的閱讀儲備，我一直探索，一直改進，截至目前，我主要有三種做筆記的形式：

第一種，紙本筆記。

第一遍看書時，如果是自己買回來的書就在書上勾畫標注，看完再整理。根據書的主題，看看內容屬於職場、健康，還是心理等，然後分門別類地整理到相應的本子上，寫好目錄，標好頁碼。字盡量寫得認真，太潦草會降低筆記的重看率。

第二種，電子筆記。

平時在手機上看東西，遇到有料有趣有用的內容，就把相關的截圖、圖片、句子、文章匯總到「印象筆記」裡暫存起來，三日內必須整理，哪些捨棄，哪些標注，把它們分類。很久沒用的內容需要歸檔，我這套暫存─整理─歸檔的筆記法，還獲得了印象筆記官方頒發的「筆記進步大獎」證書。

第三種，語音筆記。

看書時畫重點，看完一遍後，打開手機裡的「訊飛語記」，把畫線的部分朗讀一遍，App 會把我的聲音轉為文字，趁著還有記憶，趕緊輸出文檔修改錯別字，需要時翻書校對一下，隔一段時間，按照主題整理成冊，影印出來，網上有很實惠的影印價格，可以把文檔合集發給店家，很快就能收到列印版的筆記。

不管是紙面筆記、電子筆記還是語音筆記，最重要的四個字就是常看常新。

有人說自己不從事文字工作，沒必要記讀書筆記，但我還是堅信，做不做筆記，效果不一樣。

古人說，讀書百遍，其義自見，可是現在的書太多太雜，讀書百遍不太可行，把書裡的精華濃縮萃取出來的筆記，多讀幾遍才有可能。

在我看來，就算背景和職業各異，做讀書筆記是一件有用有趣又讓自己有料的事。

如何做自己的筆記大師呢？

一、按自己喜歡的方式做筆記

如果你做課堂筆記，康乃爾筆記法可能比較適合；如果你是學術奇才，可以研究看看達文西的筆記手稿。

有段時間我嘗試用電腦或手機做筆記，電子筆記容量大、檢索快，我現在把在電腦、手機、電子書上看到的有用資料做成電子筆記，而看紙本書就相應地做紙本筆記。

我喜歡做紙本筆記，透過回翻，增強了知識的系統感；透過書

寫，讓心安靜沉穩下來。寫字讓我心靜，日常中需要寫字的場合不多，我格外珍惜做筆記時的寫字時光。

我會想方設法地讓記筆記更有意思。每次做筆記時戲可多了，覺得自己是傲嬌大主編，各個作者都打破頭地想上我的版面。

我喜歡收集好看好用的筆記本，活頁筆記本適合小短句，一環環的圈經常碰到手，寫得不太舒服；如果抄寫段落和長句，平裝本更便於書寫。

有時候我興致來了，會在筆記本上噴灑一些香水或香氛，增添若干詩情畫意。

二、筆記的內容比形式重要多了

我有個高中女同學，筆記五顏六色，標注重點，但成績和筆記的好看程度不成正比。

她把筆記當手作，過於追求形式上的漂亮，忽略了掌握筆記的內容。

我覺得筆記是做給自己看的，顏色、形式與內容相比，皆屬次要。我的筆記很樸素，沒有花花綠綠的顏色，幾乎不勾畫標注。

畢竟我不是為了什麼考試而做筆記，沒有什麼重點之說；也不是為了給別人看，自己看得順眼最重要。

三、思想和行為總有一個在路上

我做過補血筆記，有一年體檢血紅蛋白值才 80 多，我專門找了一本軟抄筆記本督促自己補血。

筆記本正著翻，是醫師和營養學家的言論；反著翻，記下自己每餐的飲食、運動和服用的保健品，一個月後我去做血液常規檢

查，血紅蛋白值從 80 多上升到 110 多。

其實不管是觀點型筆記還是行動型筆記，常用和復盤才是第一要務，做得那麼認真的筆記，不多看幾遍簡直浪費了。

不做筆記的你，不妨把簡易筆記當作試用品，先做再改，邊記邊調，經常翻閱，讓筆記融入生活，見證自己的思想躍遷和行為改變。

有時候看到自己這些大大小小的筆記本，心底生出歡喜，覺得這些年沒白過，這些書沒白看，滿滿的充實感和悅己感蕩漾在心頭。不誇張地說，筆記讓我遇見更好一點的自己。

Chapter 5

工 作 提 案

年輕人怎麼提前布局自己，會脫穎而出？

不管你做什麼工作，專業感溢出，就很體面。

時間精力這塊大蛋糕，拿去琢磨別人的話中話，

研判他人的喜好，分析自己給對方的印象，試圖

做一道亮麗風景線以後，真正留給專業技能的蛋

糕塊還有多大，不如將大把時間花在賞我飯碗的

核心業務上。

01

做得到專業感溢出，
抵得住內卷的殘酷

不管你做什麼工作，

專業感溢出，就很體面。

　　有一次我去探望坐月子的女生朋友，除了給十天大的嬰兒紅包之外，還想見識下八萬元二十八天的月子中心。

　　進入房間，朋友告訴我，月嫂請假一個小時，她和先生就開始「寶寶止哭大作戰」，先後抱寶寶、換尿片、餵奶水、拍奶嗝、弄玩具⋯⋯孩子還在哭。

　　朋友的會客服被寶寶尿濕了，她先生拍半天沒拍出嗝，月嫂進門那刻，兩人歡呼。

　　月嫂洗手消毒後，穿上棉質圍裙，抱起孩子，沒哄幾分鐘孩子就安靜了。

　　朋友說坐完月子，月嫂跟她回家再照顧她們母女一個月，我打聽了費用，覺得好貴。

但朋友說好值得，因為這裡的月嫂，如果跟雇主回家被投訴屬實，月子中心就不再續聘，所以相對專業。

朋友忍不住地誇月嫂：「像翻譯官一樣，把孩子的動作聲音翻譯成需求，手把手地教育兒知識和技能，說話溫柔，眼神有愛，讓全家一夜好眠，還常誇我和寶寶好看，讓我更加安心自信。」

後來和月嫂閒聊，我問：「寶寶晚上不哭嗎？」

月嫂說寶寶的嘴比人先醒，夜裡嘴巴先找奶嘴，如果有就直接喝，找不到才睜眼哭。她有個小本子，記錄每次吃喝拉撒的詳細情況，根據寶寶的體況，預測下一次進食的時間範圍，然後調好鬧鐘，提前把寶媽冰箱裡的奶熱好，讓寶寶嘴醒時就喝到。

那天的見聞，讓我深信，專業感溢出的人，貴有貴的道理。

很多人索求賺錢之道，我覺得風口機遇和商業模式未必通用，其中，可行性最高的、適用於多數人的，是把工作做到專業感溢出的地步。

所謂專業感溢出，是指在能保質保量完成任務的前提下，有更深一步的延伸。

專業感的溢出，就是不再勤奮地偷懶。

曾聽某位影視從業人員說，某日用品公司的品牌營銷會「勤奮地偷懶」。

要求整部戲出現三百秒的演員刷牙鏡頭，這種笨方法，既好跟主管交差，又好按單位算錢。

但電視劇裡效果最好的廣告，不是看時長，而是看能否天衣無縫地將產品融入戲中情節，這種廣告只要一個鏡頭就會被觀眾記住。

有些人寧願讓旁人看見你出工了，也不願意自己花時間和力氣學點真知識，只把工作放在表層考核指標的延長線上。

專業感的溢出，就是做「透」這份工。

《奇葩說》節目中有位辯手說，有一次去影印店裡影印資料，拿起訂書機剛要訂，影印店老闆問：「你這論文有多少頁？那個大訂書機，一次只能訂五十五頁，不能更多了，超過五十五頁要用其他方法。」

這位辯手偏不信，覺得自己的資料六十頁，只多了五頁，只要用力一點，肯定能訂上。

於是盡力一按，果然就差了這五頁沒訂穿，她誇老闆有經驗。老闆說：「我訂過的論文，比你們全校同學看過的還多。」

我能腦補出這個老闆弄清訂書機承載極限的試驗和總結，更能以小見大地推論出他在工作的其他方面的用心和投入。

有些工作十年的人，不過就是把一年的工作經驗，重複用了九年而已，很多人把事做完就行，而有些人追求把事做透。

專業感的溢出，讓人身上具有專業氣質。

《12 道鋒味》裡有一集，謝霆鋒為紅磡金牌保安「史丹利」許頌升做飯。

許頌升有一種職業慣性，他和嘉賓走在街上，會習慣性地走人行道外側，看到內側有摩托車駛來，幾個箭步就衝過去護住嘉賓，行至菜市場，跟在嘉賓背後的他，目光警惕，環顧四周。

紅磡體育館建成後，他便擔任保安一職，負責保護演唱會臺上藝人的安全，一做就是三十五年，其間護星無數。

以至於在許頌升身上，已經沉澱出一種「靠得住」的氣質和氣場。

作為張國榮生前演唱會的保安，當年在張國榮葬禮上，他不由自主地追著靈車奔跑，說「只想最後安全地送他離開」。

要做到專業感溢出，我覺得有這四個層次。

一、看上去顯得專業

前中國外交部副部長傅瑩說，形象也是一種表達。

她說，參加隆重的禮兵活動，盡量穿中式衣著；出席開幕式，選擇有文化元素的服飾；工作場合，盡量穿西服套裝。

2013 年我第一次做發表會時，選擇了一套淺灰色西服套裝，顯得低調而莊重。場勘時發現衣服顏色與背景牆上的大理石太接近，後來改成藍寶色上衣和黑色裙子。

看上去就專業的人，懂得形象是一種有力的職業表達，是把對工作的上進心和敬畏感穿在身上。

二、聽上去顯得專業

以前我在深圳工作時，公司有個香港辦事處，我第一次打電話過去，港辦的同事接起電話就是「你好，××」，×× 是公司名。

當時我心震了一下，因為接電話時自報公司名字的不多，他們給我一種「人司合一」的感覺。

聽上去就專業的人，工作中能精準表達，情緒穩定，思維清晰，切中要害，與外行人溝通，降低專業門檻，盡快達成共識；與內行人溝通，說起行業術語，盡快解決問題。

三、為工作保全自己身體

壽司之神小野二郎,九十多歲老人的手,柔若無骨,涼涼滑滑。

「握壽司的手,上面長滿老人斑就太難看了。」為了保護雙手,他不提重物,不做粗活,隨時戴著手套。

為了維持可以長時間地站立,至今坐地鐵,提前一站下車,步行回家。

專業感溢出的人,想把自己擅長的、喜歡的事業做一輩子,深知健康的重要性,會盡力保全自己的身體和精力。

四、對工作升華價值感

聽品質控管朋友講過,有一次美國代表來廠檢查,細緻到在倉庫發現一瓶機油,都要仔細論證用途,甚至趴在地上檢查有無嚙齒動物的痕跡。

檢查結束後,品管問代表:檢查如此嚴格,是不是有貿易障礙的因素?

代表回答:她只是做好分內事,力保食品安全。

有些人從不覺得自己的工作就是打份工,賺點錢,而是從日常的工作中,抽象出更大的價值觀和使命感。

我不信行業薪酬統計或排行,因為很多行業的收入是金字塔結構。

工作或許分不出貴賤,但專業感能分出貴賤,專業感溢出的人,通常是貴的,值得尊敬的。

懶得背臺詞於是用數字對口型的演員,摔倒起身後完全喪失專業補救的模特,大家不給面子,指責不配拿高薪酬,只要做事不專

業，觀眾就不買帳。

　　而負責端茶倒水發便當的楊容蓮，獲得第 37 屆香港電影金像獎的「專業精神獎」，全場自發起立鼓掌。

　　以前我覺得有些工作體面，有些工作沒那麼體面。

　　但一些在體面工作中不專業的人，和在沒那麼體面的工作中很專業的人，讓我改觀：不管你做什麼工作，專業感溢出，就很體面。

02

年輕人怎麼提前布局自己，
會脫穎而出？

基本功的溢出，往往讓一個人脫穎而出。

與其打著迷茫的旗號不作為，不如重新審視自己要走的路，

踏踏實實地投入基本功的刻意練習中。

我經常收到類似的讀者留言：

很迷茫，卻又不知道該做什麼。

很浮躁，做什麼都三分鐘熱度。

很焦慮，變化快帶來不安全感。

怎麼辦？

我有段時間在工作上，因瓶頸期而迷茫，因小挫折而困頓。

我跳脫自己的領域，觀察其他行業，那些脫穎而出的人，到底是憑什麼脫穎而出的？在別人的故事裡，找自己的答案。

南京小女孩Miumiu（周妍昭）的〈加州旅館〉，生動詮釋了「一個人就是一個樂隊」。

有一次採訪，她自豪地說：「那都是我一個人！」她掰著手指

頭數影片裡玩的樂器：「電吉他、民謠吉他、古典吉他、爵士鼓、貝斯，還有沙球，我還唱了。」

Miumiu 彈唱〈加州旅館〉的影片走紅引起廣大網友熱議，有人說跟她自身的熱愛和天賦有關，還有人說跟家庭經濟和資源有關，但我看到的是她身上基本功的溢出。

她爸爸周經緯開琴行，她從小耳濡目染，對音樂感興趣，三歲開始接觸音樂。爸爸的同事輪流帶她，把她變得多能：教烏克麗麗的老師帶她，就教她彈烏克麗麗；教鋼琴的老師帶她，就教她彈鋼琴；教爵士鼓的老師帶她，就教她敲爵士鼓。

她爸爸給她買隨身聽，她把樂壇有名歌手的作品聽了個遍。聽完了就練，三歲半開始練琴，小孩子沒什麼耐心，就哄著練。想去遊樂場，練琴；想看動畫片，練琴。上課期間，每天會練一至兩個小時；寒暑假期間，練四至五小時；疫情期間，練六個小時以上。

彈出動人旋律音符的手，早已留下琴鍵的痕跡。她爸爸說：「這個練習量，已經超過了很多愛好者終生的練習量。」

Miumiu 紅了，很多人讚嘆她的天分，她爸爸說：「沒什麼天賦，就是靠練習。」孩子練幾個小時，他就陪幾個小時，孩子吃的苦他都知道。「就是普通孩子，都是練出來的。」

影片在國內外獲得巨大播放量，各國友人的熱情讚美，中外音樂家的主動伴奏，引以為傲的文化輸出，光鮮背後，由日復一日的努力所澆灌。

所謂才華，就是基本功的溢出。

賴瑞·金是美國著名的主持人，口才了得，和任何人都能聊得起勁，節目氣氛輕鬆隨意。他做訪談節目的特點是直接、有人情味，

以及隨機性。單刀直入的提問方式，一針見血卻不咄咄逼人。

有一次看書，我看到早年賴瑞・金訓練採訪基本功的方法，就是搬張椅子坐在超市門口，隨機問每個進門的人：你叫什麼名字？做什麼職業？買什麼東西？做什麼用？你最擅長的事？最煩惱的事？

賴瑞・金說，一個好的主持人，要做到無論在何時何地面對何人，都能有話題、有問題。在他七十七歲時，美國前總統歐巴馬這樣評價他：「你說你只是提問，但是對一代又一代美國人來說，這些問題的答案令我們意外，讓我們明白很多事情，打開了我們的眼界，讓我們把目光投向了外面的世界。」

早期對基本功的精準定位和不斷練習，給自己的終身職業奠定了源源不斷的後勁。

2005 年，今日頭條創始人張一鳴從南開大學畢業後，加入酷訊，成為一名普通工程師。但他在第二年，就管理四、五十個人的團隊，負責所有後端技術和很多與產品相關的工作。

有人問他：為什麼你在第一份工作中成長很快？他說：「我不是技術最好的人，也不是最有經驗的人。當時，Code Base 中大部分代碼我都看過了。新人入職時，只要我有時間，我都給他講解一遍。透過講解，我自己也能得到成長。」他工作時，不分哪些是自己該做的，哪些是別人該做的。做完分內事，對大部分同事的問題，他能幫就幫。

工作前兩年，他基本每天晚上 12 點回家，回家後繼續寫程式到很晚。很快，他從負責一個抽取網路爬蟲的模塊，到負責整個後端系統，開始帶組，帶小部門，再帶大部門。

他做事不設邊界，當時他負責技術，但遇到產品上的問題，也

會積極地參與討論，想產品方案。基本功不全的人，會依賴別人，要實現一個功能，需要有人幫他。而基本功全的人，前端、後端、演算法都掌握，很多調整分析，可以一個人做。

在一些新興行業，基本功是動態發展的，脫穎而出的人會練好基本功，再擴展基本功。

最近看一檔脫口秀，嘉賓有谷大白話，說起他的英語基本功，讓我深感服氣。他不是英語系畢業，沒有國外生活經歷，沒娶美國妻子。曾是準留學生的他，想去美國留學，備考過 GRE（美國等國家研究生入學資格考試）和托福，但因為中醫資格沒被認可，沒能出國。

但他沒有就此放棄英語，而是把英語轉變為興趣愛好。練聽力，他聽 BBC 廣播，從早聽到晚，一開始基本聽不懂，堅持了很長一段時間，「突然有一天就悟了」，後來感覺廣播員語速都似乎變慢了。

看美劇，他等不及字幕組翻譯《南方四賤客》的熟肉[6]，就開始看生肉，鑽研裡面大量的俚語。他看脫口秀，覺得脫口秀是美國的相聲，想聽懂脫口秀，得清楚每個哏的意思。脫口秀語速快，知識點多，體育、八卦、政治、歷史無所不包，他先聽，邊聽邊記，寫下每個單字，逐個查閱不懂的單字或知識點。每個點背後是什麼哏，有什麼歷史，他都去耐心分類，分為文化哏、八卦哏、體育哏、政治哏等，慢慢地，他能聽懂整場脫口秀了。

學業職業也好，興趣愛好也罷，用扎實而正確的基本功打底，量變引起質變，經過時間發酵，你有很高的機率會變成一個很厲害的人。

很多人對電競行業有「玩遊戲也能拿高薪」的刻板印象，外行人想得太簡單了。

網路上有個問題：電競選手平時都是怎麼訓練的？擅長 MOBA[7] 和 RTS[8] 遊戲的「星際韓宗」，分享個人經歷。

戰隊規定 9 點起床，他 8 點半起床鍛鍊，然後回到基地參加訓練，這個訓練包括打 rank（排位賽）、隊內作戰等，早上還有一個半小時的一對多訓練，總體遠超標準工作時間的八小時。

據說許多電競新選手，剛開始進行這種高強度訓練時，會出現眩暈感，甚至有強烈的嘔吐感，連飯都吃不下。

電競項目有各種操作要求，其中一項就是 APM，即每分鐘操作滑鼠鍵盤的次數，俗稱「手速」。

普通人連一百次都很難做到，而控制多兵種的遊戲選手需要超過二百五十次，要求低的也在一百二十次以上。他們把鍵盤都快按冒煙的手速，只是平時苦練基本功的一個局部維度。

你看到表面上高薪好玩的工作，卻沒看到工作者私底下非常不好玩地打磨基本功的歲月。

我喜歡傅瑩，在看她寫的《我的對面是你》時，得知聚光燈下泰然自若的她，從外交官轉做新聞發言人時，背地裡是如何苦練基本功的。

首先，牢記要點。

除了反覆練習，沒有別的辦法，過程痛苦煎熬。法律問題講究邏輯嚴謹，表達精確，權力和權利有不同，監察和檢察不一樣，期限和期間要區分。她把一天分為上午、中午和晚上三個時段，每個時段的開始，先強化前一次訓練的問答提綱，再記新的問答提綱，

手機錄好一段一段的問答提綱，午飯後散步邊聽邊複述。針對出錯率高的詞和表述，下班後找人少的公園，對著角落裡的樹，一口氣重複許多遍，訓練口腔肌肉的記憶慣性，避免卡住。回到家繼續檢驗和修正，講給家人聽，揪出太囉嗦，表述不清楚或可以省略的內容。

其次，模擬演練。

團隊布置模擬新聞發布會的場景，架起攝影機，準備好電腦，有人當主持人，有人扮演記者，有人計時和記錯。按照發布會的時長和強度，適應緊張氛圍，守住核心要點，減少不自然感，釋放壓力情緒。

最後，重播影像。

適當的身體語言有必要，但螢幕會放大晃動感，所以不宜有太多的手勢。眼神傳達內心細微的變化，自然講話時，眼神穩定而有神；試圖背詞時，眼神游離且暗淡，在腦子裡搜答案的樣子，容易讓人覺得信心不足。

表達是一種綜合結果，神態、口吻、語氣、肢體語言都參與其中。把每個問題的像素放大並改善，把所有基本功都做得滴水不漏，她才覺得「心中有些底氣了」。

行業的變化，工作的調整，職位的更換，我們很可能在不再年輕的年紀，需要攜帶著可遷移能力，進入新領域，以新人姿態，打好基本功。

樂器熟練度之於音樂人，提問能力之於節目主持人，寫程式縱深知識之於網路人，文化之於翻譯者，手速之於電競者，臨場反應之於新聞發言人……

基本功的溢出，往往讓一個人脫穎而出。與其打著迷茫的旗號不作為，不如重新審視自己要走的路，踏踏實實地投入基本功的刻意練習中。

　　發展迅速、變化多端的世界，讓人倍感迷茫、浮躁又焦慮，刻意練習基本功，可能是擺脫迷茫、浮躁又焦慮的狀態，最長也最短的那條路。

　　用基本功的溢出，抗衡社會的殘酷。沒有一帆風順的人生，自己要幫自己乘風破浪。

---

6 熟肉：有中文字幕的影片。反之，生肉指無中文字幕的原影片。

7 MOBA：多人在線戰術競技類遊戲。

8 RTS：即時戰略類遊戲。

03

漂亮加上任意技能都是王牌，
是真的嗎？

時間精力這塊大蛋糕，拿去琢磨別人的話中話，

研判他人的喜好，分析自己給對方的印象，

試圖做一道亮麗風景線以後，

真正留給專業技能的蛋糕塊還有多大，

不如將大把時間花在賞我飯碗的核心業務上。

電視劇《安家》熱播期間，我收到讀者提問：「爽姐，你在看《安家》嗎？我在工作中碰到現實版的朱閃閃，居然混得不錯，使我三觀混亂，心懷不甘，你經常寫又忙又美的女人，你說，只忙不美的人和只美不忙的人，哪類吃香？」

這個問題，我很喜歡。

先從朱閃閃說起，劇中的她在某房地產仲介門市工作。每天梳著減齡的丸子頭，穿著可愛的花裙子，把自己打扮得花枝招展，工作時間在辦公桌上描眉畫眼。

她沒有事業心和上進心，到門市後一直沒有業績，沒有抽成，只拿底薪。主管和同事把性格好的她當作「吉祥物」和「開心果」般的存在，幫大家提供輕鬆愉快的工作氛圍。

在不養閒人的職場，像朱閃閃這類嬌花型女員工，若不是關係戶，很難立足。

有一次我整理收藏夾裡的文章，分類時發現大部分文章歸類於情商、幽默、美容和穿搭等門類下，然後我意識到那段時間關於職場和技能類的文章看得太少。情商稍低雖說會致人鬱悶不快，幽默欠缺雖說會讓人覺得無趣，外在邋遢雖說會造成視覺霧霾；但我覺得，相較職場女性的實力強、專業精、素養佳等內力而言，情商高、教養好、外在美這類外力，或許被太過強調了。

我在職場中目睹過一些年輕的嬌花型女員工：別人一發言，她們眼睛裡傳達著求知和崇拜的小眼神；自己遇到困難，撒個嬌、賣個萌發出現場求助；工作中犯個小錯，憑藉著可憐臉和無辜眼也能化險為夷。

我會辯證地看待這種嬌花型女員工，如果本身實力紮實，業務了得，那我會心懷欣賞地期待合作；如果缺乏實幹精神，徒有其表，那是撿了芝麻丟了西瓜的本末倒置。

職場女性能見機行事，能察言觀色，會適當示弱，也是一種能力。但我更欣賞有實力、有本事的女孩，能獨立地系統思辨，能給出有建設性的建議，踏踏實實做正事，解決棘手的麻煩，事情交給她時就有種穩妥感，對計畫進展有積極的推動作用。

如果再練就一兩項必殺技，或者人無她有，人有她優的難以替代的核心競爭力，就算她們脾氣沒那麼好，我也會心悅誠服地做好包容的準備。

正如一位陳姓企業家在香港吃一碗牛腩所得出的啟示那樣，「有名氣，真心好吃又沒有分號的小店有不少，大部分態度不友好，吃完拿眼睛瞪你轟你走，可就有那麼多人排隊，脾氣再大也能包容

他們的服務態度」。

我在以前的工作中，接觸過一個美國檢查團，當天那位女檢查員閃閃發亮。

她與我印象中美劇的人物設定不太吻合，沒有職業套裝，沒有優雅的高跟鞋，但一如既往地職業化。從遞送名片、自我介紹，到生產線問題排查，全程呈現簡約的禮貌和扎實的專業水準。

她在儲藏室裡看到雜物，會追溯雜物的用途；看到大型設備，會在書本上畫出模型，分析原理；對工具使用有疑慮時，結合產品說明書做出判斷。她提的問題讓資深技術人員抓耳撓腮，她給出防患於未然的建議也讓眾人心服口服。我看著她眼神放光地大膽假設、小心求證、獨立思考、模擬推理、驗證流程，頓時覺得她光芒萬丈般迷人。於是，我把那天的見聞新建文檔，保存在大腦中的「我的榜樣」的文件夾中。

我看過一位女企業家的採訪，她說有時女員工做了精雕細琢的指甲，畫了濃密上翹的睫毛，結果會議上各種觀點混淆，吞吞吐吐，真希望女員工把做美甲和化妝的時間多分點給工作。

我曾有個女同事，看到別的女同事很少化妝，就孜孜不倦地言傳身教，說女人化妝是對別人的尊重。

但有幾次會議她可能因為過度打扮而姍姍來遲，我覺得，遲到比不化妝更不尊重別人。

我聽一個設計界的朋友說過，他們公司的設計負責人在業界拿了很多知名的大獎。儘管她對客戶表情冷漠，對主管脾氣也不算好，但客戶還是執著地指定要她設計，主管也不敢怠慢了這棵「搖錢樹」。

以前我做國外業務時，業務之星在培訓會上一針見血地指出大部分業務新人的問題。

不必花太多時間與國外客戶聊家常、說人文、談經濟，花太多精力一對一地去和客戶做朋友，這種方式 CP 值不高，只要你業務通透，為他賺錢，能搞定別人都搞不定的麻煩，他一定會主動找你。

我在深圳工作時有幸接觸到一個從船務單證進化成業界權威的人，她是那種有關部門要制定規定，諮詢名單裡肯定有她的智囊團成員。

我聽過一些她入職時的事蹟，她會仔細研究國際貿易單證正反面的英文條款，不懂的單字就查字典，領到的薪資優先花在報英文班、買工具書上。

我從她的言語和行動中得到很多啟示：時間精力這塊大蛋糕，拿去琢磨別人的話中話，研判他人的喜好，分析自己給對方的印象，試圖做一道亮麗風景線以後，真正留給專業技能的蛋糕塊還有多大，不如將大把時間花在賞我飯碗的核心業務上。拚事業，如同推鉛球，如果可以，當然希望一邊把鉛球推得又高又遠，一邊姿勢優美儀態萬千。但如果只能二選一，還是優先前者，畢竟經濟景氣時大家你好我好，公司裁員時，花俏的東西再多，實力不足也自身難保。

不管外表是不是嬌花，規劃好個人職業生涯至關重要。《遠見》這本書裡提出，職業生涯可以被分為三個主要階段。

大部分女性的法定退休年齡是五十五歲，如果考慮到延遲退休的趨勢，以六十歲退休計算的話，像我這樣大學畢業就工作的情況，大概需要工作三十六年，每個階段大約是十二年。

第一階段：需要添加燃料，強勢開局，為接下來的兩個階段打

好基礎，找到自己的長處和熱情所在，養成良好的工作習慣。這是探索和彌補自身「缺點」的時候，如果你是一個糟糕的演講者，那就去參加相關的培訓課程。如果你對待團隊成員過於強勢或弱勢，那就去參加領導力培訓。

第二階段：需要鎖定甜蜜區，聚焦長處，在自己的長處、愛好和這個世界的需求之間找到交集，想方設法脫穎而出。可以找人幫你加強長處，比如你善於制定戰略，那就找個行動派專家幫忙落地。也可以為自己的價值貼上標籤，在職場上樹立起自己的品牌。

第三階段：需要優化長尾，發揮持續影響力，比如確定接班人，從執行或領導的角色轉變為顧問或輔助的角色。

華而不實的嬌花，容易被工作辣手摧花，實力武裝還是招人喜歡？

你看很多又忙又美的女人，是把事業排在美麗前面的。

攘外必先安內，內力夯實方可從容對外。

有人說，漂亮加上任意技能都是王牌，在我看來，專業技能加上適度漂亮，才是王牌。

04

三十而立，是學歷的「立」

> 「我真想給像自己一樣起點不高的年輕人機會，
>
> 但我真的很忙，試錯成本大，等不及別人給我驚喜。」

我看著「2020 年度創業者 100 人」的名單，字節跳動的張一鳴、快手的宿華、蔚來的李斌、滴滴出行的程維……

我好奇獲得年度創業 100 人的人，都是什麼學歷。於是，我打開搜索引擎，順著名單，逐一搜索了創業者們的學歷，不查不知道，一查嚇一跳。

字節跳動的張一鳴：南開大學。

快手的宿華：清華大學。

蔚來的李斌：北京大學。

小紅書的毛文超：上海交通大學。

……

從我查的數據來看，在這些企業家中，雖然有沒上過大學的創

業者，有畢業於職院的創業者，但是少數。絕大多數創業者有高學歷，有海外名校的海歸，有清北復交的畢業生。醫療行業，多為名校＋博士的組合；網路和科技企業，儘管創業者多為大學學歷，但很多創始人畢業於 C9（中國九所著名的 985 工程高校）。

網路裡有個討論：創業需要高學歷嗎？有人說，關於創業者：學力＞學歷；關於打工者：學歷＞學力。

現實卻如《全球創業觀察（GEM）2017 ／ 2018 中國報告》的結論顯示，中國創業者中最為活躍的群體是二十五至三十四歲的青年，中國低學歷創業者比例逐步下降，高學歷創業者比例有所提高。

白岩松在《一刻 talks》上說過一句話，三十而立的「立」，指的是學歷的「立」。

在現實中，名校生或高學歷的人，在立業或成家上，都顯現出優勢。浙江海寧市公布了 2021 年人才引進計劃，大學必須來自 985[9]、211[10] 或南方科技大學、中國科學院大學，或者 QS（世界大學排名）200 的高校。以博士和碩士研究生身分報考的，其大學也必須畢業於上述高校。

對「人才」的定義，以前一線城市用學歷篩一遍後，再考查面試、能力、人品等因素，這種做法現在也被經濟發達省分的小城市採用，以後可能連小縣城也會效仿此道。

2020 年騰訊校園招募接收了幾十萬份履歷，但最終發出的 offer（錄取通知書）只有三千多份，錄取率不超過 3%。2021 年在門檻較低的非技術類職位，某知名網路公司的報錄比達到 3000：1。如此多的履歷擺在人力資源顧問面前，最簡單的辦法就是看學歷，這是高效而冷酷的篩選機制。

最近，「985 相親局」刷了一波存在感。有人支持，有人嘲諷。相親者陳樊說：「看重學歷很正常，並不是說學歷背景好就意味著成功，但這至少是一種證明，證明一個人的受教育程度、成長環境，以及是否有良好的上進心和持續學習的能力。」

以學歷為邏輯建立的相親平臺早已存在。2013 年「相遇未名」成立於北京大學，2015 年「陌上花開」成立於清華大學。

參加「985 相親局」的名校生普遍認為，學歷上的強強聯合，門當戶對，文化層次和學識水平相近，更有共同話題，培養的小孩，起點相對較高。

市民王先生表示理解：「雖然顯得功利、現實，但確實省時、高效，都畢業於 985 院校，收入、社會地位、三觀較近，也許沒那麼幸福，但一定不會窮。」

不管是成家還是立業，名校生＋高學歷有隱形附加價值，在校期間享受到更優質的教育資源和師資力量，畢業起薪更高，厲害的校友更多，眼界更加開闊。正如一位北京大學女生所說：「進入北京大學讓我大開眼界，看到一個人為了目標，可以努力到什麼程度。」

社會上「都說學歷不重要，面試門檻依然高」的切割感太糟糕了。

比如：清華北大，不如膽子大。

學習是一輩子的事，不是一張紙的事。

再比如，耍小聰明：學歷就是學習的經歷，我每天都在學習，這就是我的學歷。

我學歷不高，但我是讀過書的人。

又比如：

真是俗人，學歷可以衡量人的什麼？學歷有什麼用？

智者不怕學歷低。

一個人可以沒有學歷，但不能沒有學問。

知識改變命運，不是學歷改變命運，不是分數改變命運。

這些話，更適用於草莽時代，和現實社會適配度很低。現在高薪的行業，網路、金融、人工智能，沒有學歷，就意味著求職申請石沉大海。連家政、餐飲服務、房屋仲介等行業，這幾年，雙學位、高學歷的人，對這些看上去跟高學歷不相關的行業進行降維打擊的情況還少嗎？

很少有人會忽略你的學歷，耐心觀察你的膽子、學力、學問、知識、智慧。企業家們聲稱學歷和成功沒有必然聯繫，招募時，在他們的企業裡，學歷內卷更明顯。

你嚮往的城市，心儀的行業，想去的大企業，非 985、211 不要，在職位描述裡不明說，卻是很多 HR 心中的行動準則。

《芭莎珠寶》的主編敬靜說，她曾是門外漢，面試時，因為把公布的考題完成得很漂亮，然後就獲得了 offer。我快畢業時看的職場面試書和網路面試經驗，什麼撿起地上的垃圾，善待不起眼的老人，突然喜獲 offer，在現實中，在誰身上應驗了？現實是，學歷不漂亮，面試談不上。

綜藝節目《令人心動的 offer 2》有這樣的對比情況，名校生王驍整天張口閉口史丹佛大學，讓觀眾不爽，二本生[11] 丁輝謙遜有禮業務好，讓觀眾喜歡。丁輝說，我很清楚，即便只是比別人多走幾步路，但正是這幾步路，讓我們來到了相同的目的地。可是，大齡考研究所想要改變命運的丁輝，因為做節目這個低機率事件，才和名校生到了相同的目的地，但終究是面對不一樣的對待。

我最近和深圳好友聊天，他和幾個大企業出來的人一起做遊戲

方面的創業。他告訴我，越面試小朋友，越心有餘悸。他不是知名院校出來的，因入行早，當時機會多，現在面試別人時，在沒有代表作的情況下，就是簡單粗暴地看學歷。

「我真想給像自己一樣起點不高的年輕人機會，但我真的很忙，試錯成本大，等不及別人給我驚喜。」

在我的讀者中，有些國高中生，跟我說複習不進去，跟父母鬧彆扭，跟男朋友談戀愛，家裡出點事學不進去，和對象吵架學不進去。我看著都著急，我建議隔絕所有破事，在保重身體的情況下，專心學習。因為未來的你，很可能會因學歷拿不出手，而後悔當初沒有好好讀書。

快畢業時，世界五百強只在名校開校園徵才活動，不去二流的大學招募。

找工作時，名校生可能在校園招募就簽約了，而你需要跑各種徵才博覽會。

投履歷時，名校生手握多個知名企業 offer 糾結選哪家，而你的面試機會都很少。

看新聞時，新開業的火鍋店招募服務生，要求是 985 院校畢業，年薪二十萬元。

想定居時，不少一、二線城市人才的定居要求是大學及以上學歷。

孩子就學時，成都某小學入學面試，要求父母提供學歷證明，入學的潛規則是父母畢業於 211 院校。

考公務員，有人覺得比起考大學，公務員考試才是一考定終身，如果沒有大學學歷，基本沒有報考資格，學歷限制那欄，招博

士的，最後可能十幾個人競爭一個職位，大學以上系所不限的，上千人競爭一個職位。就算進了公家機關，你以為名校生和非名校生就站在同一起跑線了嗎？別天真了，清北復交的高材生，去公家機關才叫走仕途，其他多數人就是有保障的「螺絲釘」。

最近流行「情商高」和「情商低」的對比。情商高的話，出自德國哲學家卡爾·特奧多·雅斯佩斯：所謂分數、學歷甚至知識都不是教育的本質，教育的本質是一棵樹搖動另一棵樹，一朵雲推動另一朵雲，一個靈魂喚醒另一個靈魂。

情商低的話，出自諾貝爾獎得主經濟學家斯賓塞：大學教育對勞動力市場而言，最主要的功能不是培養人才，而是鑑別人才，把人劃分成三六九等，然後向人力市場傳遞價格。

可能高情商那句是教育的願景，低情商那句，不浪漫，不溫馨，但更符合我們目前所處的現實。

日子從來不是過以前，而是過以後，如果你現在還是學生，那就盡量好好學習，努力考個好學校；如果你已經出社會，那就別為定局而內耗，好好工作，用另一種形式彌補學歷的遺憾。

---

9 985：985 工程的簡稱，其名來自於 1998 年 5 月，江澤民於北京大學百年校慶提出的教育計畫，支持中國建設具有世界水準的一流大學，目前共有三十九所大學。

10 211：211 工程的簡稱，其名涵義是「面向二十一世紀，並重點建設約 100 所左右的大學」，目前共有一百一十五所大學。

11 二本生：中國高考錄取第二批次大學的畢業生，多為省屬大學或非 985 或 211 的大學。

05

舒適的本質，是定期踏出舒適圈半步

人生很多時候，不是主動離開舒適圈，就是被動離開舒適圈，

不是你看不慣舒適圈，就是舒適圈看不慣你。

有一年當當網有個影響力作家選拔，我有幸成為候選人之一。主編通知我參加活動時，我內心充滿掙扎。

活動須知上，希望作者能錄一個影片，我拒絕了，上交照片已讓我跨出舒適圈半步，再大我就不跨了。

我覺得自己就是個寫作愛好者，只想透過文字和讀者打交道。

出書是作者的願望，但宣傳中往往希望我十八般武藝都會，寫得了文章，錄得了影片，上得了直播，可有些事情我不願意做也不擅長做。

近年來，有個疑惑經常困擾我，人要不要積極跨出舒適圈，由此，我在腦海裡舉辦過一場辯論賽。

正方辯友：

這兩三年我過得很舒適，背後就是我一次次跳出舒適圈換來的。

大學拎包去義烏實習，畢業拎包去深圳闖蕩，忙碌生活過夠了切換成輕鬆生活，換個節奏慢的城市享受了一段時間，擔心喪失競爭力，又開始業餘寫作。

反方辯友：

你的舒適圈，根本不是固定的。

很多人給自己貼個「社交恐懼」的標籤，這個人說話不好聽，下次少聊天；那個工作外部聯繫多，乾脆不做了。

太寵著自己，太慣著自己，只待在舒適圈裡，那麼你的舒適圈會逐漸萎縮，你也會逐步退化。最後得出折中方案，人進入舒適圈後，先舒服一段時間，當覺得日子也沒那麼舒適後，再穩中求進地擴大舒適圈。

擴大的最佳打開方式，就是定期踏出舒適圈半步。具體怎麼操作，我的經驗如下。

一、確定舒適圈的圓心

我的電腦開機照片，對我有激勵意義，是一張眼裡有人影的企鵝照。看到照片，我出於好奇，就去瞭解攝影師背後的故事。

攝影師顧瑩，曾是中國滑翔傘國家隊隊員，四次獲得全國滑翔傘女子冠軍。

後來她滑翔時意外受傷，休養期間偶然拍到珍稀鳥類，就從拍鳥類開始，成為野生動物攝影師。我曾納悶滑翔傘運動員和野生動物攝影師的行業跨度太大，原來，顧瑩父母都是空軍，她從小就喜歡像鳥一樣在空中自在翱翔的感覺。自己能飛時自己飛，不能飛後

定格下鳥飛。

在我看來，顧瑩舒適圈的圓心，大概是飛翔，甚至可以延伸到渴望自由或熱愛自然。

現在這個快節奏的社會，給人提供的選項繁雜，很多人成為斜槓青年，既有副業剛性需求，還能釋放潛能。有人擁有七、八個斜槓身分，而且身分彼此之間沒有某一兩種核心技能做串聯，很容易讓人質疑這個人每個斜槓的專業能力。

我贊同馬東的說法，斜槓不是加法，不是一些半吊子的能力湊在一起，就變得很強了；而是你最強的能力在不同場合的應用，才叫做「斜槓」；「斜槓」是「單槓」的自然結果，前提是你的「單槓」一定要夠強。

每個人精力和時間有限，人生有些階段需要做加法，但更需要沉澱之後做減法。根據你最擅長，或最熱愛，或覺得最有意義的，找到舒適圈的圓心後，然後圍繞圓心轟轟烈烈地展開舒適圈。

二、用專業鞏固舒適圈

還以顧瑩為例：為了拍攝高原特有的「紅胸角雉」等珍禽，她駕駛越野車，獨闖西藏兩個多月，在深山中獨守幾週；為拍攝地球「三極」，她蟄伏在南極、北極、青藏高原等極寒無人區中，等待拍攝對象的出現，拍攝了三年。

鞏固舒適圈，需要專業基礎，這個過程很煎熬。

對顧瑩來說，幾天幾夜不眠不休，吃沒味道的食物，長時間在帳篷裡安靜地等待拍攝目標的出現，這些是鑄就專業的鋪墊。

對我而言，在工作中，等工作上手以後，需要看一本本枯燥的工具書，不管自己或同事遇到特殊案例，都拿來當作研究目標；在

寫作中，等寫作順手以後，需要抽出其餘時間看書練筆，生活裡多觀察多體驗，持之以恆地輸入和輸出。

舒適圈之所以舒適，是因為專業給的底氣。專業，意味著你在這個圈子裡，見過自己或別人更多的錯誤和失誤，而且通常能搞定。

沒有相當的時間來鞏固，終究只是試水而已，不會有真正的舒適感。

三、找到舒適圈後享受一陣

網友曾問知名作家兼美食家蔡瀾：「怎樣才能離開舒適圈？」蔡瀾回覆：「為何？」蔡瀾先生這兩個字的答案，越品越精妙。

現在大家都喊著跳出舒適圈，有的是深思熟慮後的理性抉擇，而有的是因為沒有方向感，沒有安全感，別人跳自己也跳，不然就顯得不與時俱進。

有一天我在網上看到，有一個畢業生透過一年多的複習考上公務人員，上了兩三個月的班就開始迷茫，看到各種「你所謂的穩定」之類的文章，陷入了放棄不甘，繼續也不甘的境地。

進入舒適圈後，當然先要自己爽一把。為什麼要這麼急於否定自己之前的判斷和努力，終於得到碗裡的東西，卻馬上想著鍋裡的東西，其實是你根本還沒有安靜下來，細細感受碗裡的東西帶給自己的成長。對我來說，我不想如此犯賤，付出多少努力，加了多少班，付出汗水淚水，好不容易進入舒適圈，一隻腳才剛踏進去，轉眼拔腿要跳出來，簡直是對之前進入這個舒適圈所有準備工作的不尊重。

四、在舒適圈之外學習

我在讀書會解讀過巴菲特的投資理念，只買自己看懂了的行業和公司，這是能力圈原則。

而「看懂一個行業和公司」的定義是，能準確判斷十年後這個行業是什麼情況，以及十年後這個公司在這行業的地位。世界上能賺的錢很多，但他不熟不做，不懂不買。他不覺得自己無所不能，只專注自己熟悉的領域投資。所以當他購買蘋果公司的股票時，被認為違反了自我原則。

但我恰恰覺得，這是他在舒適圈之外學習很長時間的結果。

一個人到底是要堅持原則，還是打破原則，是由原則之外的學習決定的。透過學習，擴大見識，加深理解，然後有了之前原則的修訂版。

經過一段時間的深入學習和體悟，當你意識到舒適圈沒有哪哪都好，甚至束縛自己發展時，也先別忙著跳。

對像我這樣相對保守理性的人來說，秉持的原則是在能力圈裡行動，在舒適圈外學習。

五、可以先踏出半步試試

有一次男演員何冰做客《圓桌派》被調侃，作為演員，拍個宣傳照都彆彆扭扭的。

主持人竇文濤說他的心思都用在了演戲上，現在簽了經紀公司，也得接受現代娛樂工業的控制。雖然拍戲是他擅長且熱愛的，但是也得做些拍宣傳照、走紅毯等不擅長且不熱愛的事。不用社群軟體，不會電腦，從不化妝的他，在宣傳期間也逐步學著去做，最後還去參加真人秀。小半步小半步跨出舒適圈的他最後感慨，人到

這世上是來經歷的，做點自己沒做過的事，丟人就丟唄。

很多人面臨著主體部分很喜歡，由此衍生出的枝葉部分不喜歡的處境，定期小跨步試試，有驚喜就再跨大步，太排斥則收回腳步。舒適圈的圈，是自己內心的舒服邊界。在舒適圈待著最舒服，而對於舒適圈外的事，要不要做會經歷一番掙扎。

跨出一大步，高機率面臨著不適應和恐慌，總體來說，透過之前舒適圈外的學習積累，跨出相對有把握的半步。回看一路，我從給選拔活動上交照片都扭扭捏捏，到大大方方地在各個社群平臺上分享自己的短影片，這一路我都是邁著小碎步擴大舒適圈的。

人生很多時候，不是主動離開舒適圈，就是被動離開舒適圈，不是你看不慣舒適圈，就是舒適圈看不慣你。不想活得太節能，也不想活得太耗能，定期跨出有準備的半步，剛剛好。

06

比起熬夜，「熬日」更可怕

麻省理工學院學霸史考特 · 楊說：

如果每天能投入四、五個小時，來完成重要的工作，

那麼你就戰勝了世界上 95% 的人。

有網友曾說：跟熬夜對應的是，你每天白天在辦公室無所事事裝忙賺表演費，叫熬日。

在我看來，超標的偽工作就是熬日，讓你事倍功半，透支激情，耗費能量，麻痺內心，產生挫敗感和倦怠感。

一、偽工作，職場普遍存在

在朋友聚會上，一位朋友抱怨她的偽工作：

搭上早班車後，先打開指定學習 App 累積積分；

到公司後，打開定位，登錄打卡系統簽到；

電腦開機後，點開學習軟體播放選修課；

午休時群裡收到答題通知，然後掃描 QR code 作答；

下午開會，做會議紀錄的時間比開會長。

她感慨規定工作沒做好，小則影響個人薪資，大則影響部門考績。等做完規定工作，留給正事的時間已經不多了。

有沒有上班，看簽到簽退的時間；有沒有開會，看有沒有簽名打卡；會開得好不好，看工作紀錄是否符合規範。

有時學習系統上線人數較多，導致頁面打不開，得一遍遍刷新網頁；有時鑽研工作，臨時說要答題，鑽研工作的心流時間被強行打斷。

朋友越說越激動，說自己的工作目標是成為業務人才，但深受工作中偽工作的折磨，讓工作和學習浮於表面，流於形式，浪費時間，影響心情。

朋友說的偽工作，職場上隨處可見，僅用一年就學完四年制麻省理工學院電腦科學課程的學霸史考特·楊說：「所謂『偽工作』，指的是查收郵件、瀏覽網頁，以及對未來影響短於六個月的任務，雖然這類事項與工作有一定的聯繫，但它們並不能幫助你實現重要的工作目標。同時，在工作時間內虛度光陰，一事無成時，也是一種偽工作的狀態。」

二、偽工作，需要寬容理解

每個人的工作中都有偽工作。我覺得，越是大公司、大機構，偽工作占比越高。

我以前的公司，有一次要給有關部門出具情況說明，先擬好電子版內容，找主管過目修改後，使用印有公司名稱的抬頭紙列印，然後填寫蓋公章的申請表，經主管、部門經理和分管經理三級審批，才能把章蓋上。

對此我有牴觸情緒，後來聽説不是跟效率過不去，而是曾有人私蓋公章造成重大損失。

以前説隔行如隔山，現在同行也隔山。規模越大的公司，專業分工越細緻，每個流程點的執行人員和檢查人員，都有相應的指導文件和考評規定。

執行職位有人離職不會影響運轉，監察職位有人越權不能掀起波瀾，制約以制衡。

變更哪顆或哪幾顆螺絲釘，業務都能正常運轉，啟動「招募─培訓─上任」，培養皿中的適任員工立馬上手。

由於分工細緻、權力分散、流程控制造成的偽工作，雖存在效率損耗，但也保證了大局安穩。

所以，提到偽工作，如果你像我朋友那樣全盤否定、全面排斥，你需要消化更多負面情緒，做出更多心理建設，用有上限的時間精力，去抗衡偽工作帶來的沒下限的情緒疲憊。

三、偽工作，更需要時刻警惕

有些偽工作是公司文化的跑偏──公司裝忙。

正經業務沒多少，卻讓人不得閒，熬鷹式 [12] 加班，下班前開會，週末搞團隊經營。

匆匆成立的企劃，忙活幾天又被砍掉；整天開會頭腦風暴，得不出建設性結論；得了建群組狂熱症，群數總比人數多。

有些偽工作是公司管理的應付──個人裝忙。

你讓我看影片學習，我靜音播放；你讓我休息時開會，我直播加班。上有政策，下有對策，用事務性的忙碌把自己灌醉。

社群軟體上給主管點讚，社交群組為上級奉承，雖然沒什麼成

果，但真的忙翻了。

習慣偽工作後，漸漸活成和菜頭所說的「大公司裡的活死人」——你提升的未必是業務能力，而是做員工的能力，就是提升自己好用的水準。

無論在哪打工，無論為誰打工，無論和誰打工，都能面帶微笑，理解命令，不帶任何感情色彩地執行完畢，習慣加班、補鍋、背鍋，習慣寫郵件、寫總結、寫 PPT，習慣有條不紊地和其他部門爭論，按照公司風格完成任務。

所以，別看自己一天忙忙碌碌，就被勞苦功高的自己感動，定期自我復盤：提升的是業務能力，還是做員工的能力？是忙於工作邊角料，還是累積核心競爭力？

四、真工作，才是終極指標

偽工作，難以避免；真工作，才是立身之本。

我心中清醒的職場高手，能區分真工作和偽工作，並將其調整成最佳配比。

我們中的大多數人之所以又忙又累，錢少愁多，很可能是總工作時間很長，但真工作時間很短。

其實，真工作所需的時間，比我們想像的要短。

哥倫比亞大學的喬許·戴維斯博士，在《每天最重要的 2 小時》一書中說：當生理系統處於最理想的狀態時，每個人都可能表現出令人驚訝的理解力、情感控制力、解決問題的能力、創造力和決斷力，但其實這種時間不會持續太長。

作家毛姆說：達爾文每天工作三小時就成了著名科學家，作為一個作家，每天三小時的工作時間就足夠了。

麻省理工學院學霸史考特‧楊說：如果每天能投入四、五個小時，來完成重要的工作，那麼你就戰勝了世界上 95% 的人。

五、如何壓縮偽工作，增強真工作

1. 記錄工作日誌。

史考特‧楊提出記錄工作日誌，操作很簡單，只需記錄每項工作的起止時間，堅持幾天，然後分析。

首先區分並劃分偽工作，我的經驗是：

如果是計劃型的工作，引入報關術語「淨耗」的概念。淨耗是加工生產中，物化在單位出口成品中的進口料件數量。

拿我寫作來說，隨便看一篇文章，這是偽工作；只有確定選題後，找到有參考價值的文章，甚至引用部分內容在成稿裡的是真工作。

如果是指標型的工作，結合公司的 KPI，再來斟酌自己的 KPI。

拿我的工作來說，公司規定我每天完成十單，我會希望這十單種類多元，讓我接觸到更多案例，查閱更多資料，詢問更多優秀的人。就算公司把我當工具人，我也在解決問題中學到東西，吸取養分，把自己打造成複合型人才。

我對自己的要求是，全身心投入去做核心任務的真工作時長達到四小時，如果上班遇到棘手的案例，當天寫作任務就減輕。

因為我知道，以我的思辨力和專注力，再增加工作時長，達不到心中的標準，還會讓我身心疲憊滋生怨氣。

2. 降低偽工作占比。

偽工作可能更勞累。

脫口秀演員呼蘭說，活少還要裝成活多的樣子，用表演術語來

說，叫無實物表演。言下之意是裝忙難度更大。

而真工作可能更輕鬆。

心理學家米哈里·契克森米哈伊提出「心流」概念，做某事時進入全神貫注、投入忘我的狀態，做完後充滿能量且非常滿足。

回電話、回郵件、填表格、填報銷單、完成規定動作等，檢查每項偽工作，看看有無必要和改善空間。

如果有，記在小本本上，當向上級反映時，用數據說明，用措施說服。

如果暫時沒有，盡量不要耗損心緒，不帶感情色彩地去做，而且找自己精力不好、效率低下的時段去做。

偽工作的時間有兩個更好的分流途徑：一是分流到真工作；二是分流到休息或玩耍。

3. 提升真工作比重。

為真工作創造一切條件，喬許·戴維斯博士經研究提出一些小竅門。

聲音方面：安靜無噪聲最好，白噪聲次之，斷斷續續的說話聲最不利。

光線方面：自然光最佳，燈光中優先偏藍光，調暗燈光能激發創造力。

收納方面：盡量清走辦公桌面和電腦桌面的干擾物，關掉各種提示音。

飲食方面：多吃含糖量低、含蛋白質高的食物，少量多餐，定時補水。

訓練方面：運動能降低焦慮，提高反應力和執行力，冥想能提高注意力。

心理方面：分辨出哪些工作最易消耗心理能量，投入真工作前盡量避免。

用好一天中效率最高的二至五個小時，把身、心、腦調整成最佳狀態，去做真正重要且有價值的事情，餘下的時間，完成那些不太需要策略性或創造性思維的工作。

還在偽工作的你我醒醒吧，熬日比熬夜隱蔽多了，內耗多了，也可怕多了。

---

12 熬鷹式：訓練獵鷹的方法之一。讓獵鷹徹夜不睡覺，幾天後其野性可被消磨。

Chapter 6

家 庭 提 案

一個人是一支隊伍，一家人就是一萬雄兵

致老公：男人們還想和他們的父親一樣生活，可
女人們已經不願意像她們的母親一樣生活了。致
婆婆：一個家只能有一個女主人。

誰痛苦，誰改變；誰損失，誰負責。我再加六個
字：誰做到，誰厲害。

01

結婚，是先登記再學習

致老公：男人們還想和他們的父親一樣生活，

可女人們已經不願意像她們的母親一樣生活了。

致婆婆：一個家只能有一個女主人。

某個月初，我收到好朋友小尹婚宴的電子邀請函。

伴隨著浪漫的音樂，一張張婚紗照映入眼簾，中式的、西式的、唯美的、逗趣的……

「當喜歡與合適撞個滿懷，我們決定陪伴彼此度過漫長歲月，以前眼前人是心上人，此後心上人是枕邊人，我們決定，讓愛以夫妻之名延續。」

看著他們幸福的照片、婚姻的宣言，我希望這些年相親後找我分析，失戀後找我訴苦的小尹，一定要得到最好的幸福呀！

正當我默默祝福之際，收到小尹的訊息：「作為一個婚齡五年的人，對我有什麼結婚寄語嗎？」

自己的婚姻、朋友的婚姻的一幕幕，像電影倒敘片段般滑過腦

海，我百感交集，感慨萬千：「我們以前經歷的考試，都是經過學習、複習、衝刺才拿到證書，但是結婚正好相反，先拿完證書，再開始學習。」

婚姻裡有很多隨堂測驗，親密愛人需要隨時學習。雖然我只發了短短一段話，卻在心裡給她寫了長長一篇文章。

在我看來，婚戀之中，有三個階段最考驗人。

一、婚戀的起始階段，面臨「四角戀」風險

萬事開頭難，兩個人剛在一起時，由於三觀差異，習慣不同，相處的摩擦係數很大。

多少人捂著心口大呼失望，「想不到你是這種人」、「沒想到你會這麼做」。於是，快刀斬亂麻，止步第一關。

婚戀初期不是兩個人的婚戀，而是四個人的。除了你和愛人之外，還有愛人眼中理想的你，以及你眼中理想的愛人。

憶往昔，我和老公剛結束異地戀在一起時，他放棄原先的一切，我接受未知的命運，兩個人下了很大決心，鼓起很大勇氣，卻差一點被一頓餃子毀了。

我是南方人，那時我看冬天跨區通勤的他又冷又累，決定回家包餃子送驚喜。我從沒包過餃子，又是看影片，又是準備食材，為他做白菜豬肉餃子，用手擠出白菜裡的水。

在準備過程中，我幻想他一進屋，聞到熱氣飄香，不禁執手相看淚眼，竟無語凝噎。他的心理活動，我都提前想好了：陌生的城市有盞燈為他而亮，嚴寒的冬天有餃子為他而包，令他心頭一熱，鐵漢柔情。

結果證明我都市劇看太多，內心戲想太多，他回家一臉倦容，看到餃子，言詞敷衍。熱氣騰騰的想像碰上冷若冰霜的現實，那天我們爆發了激烈的爭吵。

　　他抱怨「沒多愛吃餃子」、「晚上吃了難消化」，我發火「好心當驢肝肺」、「不感恩我的付出」。我倆的吵架像乒乓球，迅速升級到扣殺，力度隨著回合循環不斷增強。

　　後來的場面已經發展到他給家人打電話哭著要回家，我也發誓再和他講話就改姓。

　　回想起來，剛在一起的情侶就像鬼片，表面上只有兩個人，其實還有兩個想像出來的人。

　　他想像的我，懂他喜好，不要太言情，簡單過日子，別太講儀式感，不太要求他有浪漫舉動。

　　我想像的他，愛說甜言蜜語，多做浪漫行為，看得見我的付出，在灰頭土臉的生活裡活得很勵志。

　　這關的通關要領是，承認並接受我們的家庭、教育、經歷、感受、審美都不同。正如毛姆在《面紗》裡說的：「我對你根本沒抱幻想。我知道你愚蠢、輕佻、頭腦空虛，然而我愛你。我知道你的企圖、你的理想，你的勢利、庸俗，然而我愛你。我知道你是個二流貨色，然而我愛你。」

二、一方有看得見的壓力，另一方有隱祕的壓力

　　婚姻中，兩個人同步穩步進步，是小機率事件。更可能一方春風得意，另一方事業不順。很多人只看到事業不順者的壓力，忽略了另一方也有不足為外人道的壓力。

　　我的一個女同事，老公所在的兩家公司相繼破產，拿了賠償

金，在家當奶爸。

聚會時，女同事經常抱怨她老公，著眼點和落腳點都是雞毛蒜皮的小事，如衣服掛在晾衣架上幾天也不收，拖把用完就是不記得放回原位。我聽著同事抱怨，察覺到小事情背後的大情緒。

知名心理諮詢師陳海賢在《愛，需要學習》一書裡講道：「當一個家庭面臨經濟壓力，而壓力又來自丈夫的事業不順時，妻子一方面會責怪對方，為什麼不能多幫助家裡承擔一些壓力和責任；另一方面會責怪自己為什麼會有這樣的想法。女方也會更需要對方的安慰，把她從這種矛盾的心態當中解救出來，可是這些話又不能直接說，擔心說出來會影響感情，所以就以指責的方式表達出來。」

聽君一席話，勝離十次婚。

現實生活中的婚姻，雙方進步不同步，不順的一方越是逞強，順利的一方越是包容，各自盡力維持這種糾結彆扭的狀態，直至忍無可忍。

電影《消失的愛人》裡有句經典臺詞：「想測試你婚姻的薄弱點嗎？過一段窮日子，丟掉兩份工作，那驚人地有效。」未經世事的年輕人只覺婚姻現實，卻不知情感微妙。

如果不順方能坦誠地說出自己的脆弱和無助，感謝對方的付出和體諒，順利方能透過現象看到本質，說出自己對未來的懷疑，希望得到不順方的安慰鼓勵，這樣直面內心，坦然溝通，更容易挺過婚姻的至暗時刻。

三、孩子出生以後，每個人都面臨重大調整

美國的一項社會調查顯示，有 92% 的人表示在生完孩子後，夫妻的衝突逐漸增加。在生完孩子的第二年，有 25% 的夫妻關係

陷入困境，數據不包括分居和離婚的情況。

未雨綢繆的我，在懷孕前就狂看各種網路文章，為什麼產後一年夫妻感情最差？為什麼產後兩三年夫妻關係最受考驗？

從產後身體恢復，到產後情緒調養，再到家庭成員新形勢下的新關係，從產生原因到預防措施，我原以為自己做足功課了，萬萬沒想到，產後不到半年，我跟老公吵到跑出家門，他抱著孩子追出來；我跟婆婆吵到面紅耳赤，差點去身心科掛號。

生完孩子後，我頓悟自己生的不只是一個嬰兒，而是一個重新編碼的我，生理、心理、社會角色和家庭角色瞬間改變，以及一個重新洗牌的家，長輩們帶著幾十年的生活習慣空降到家裡，分分鐘讓我領悟「愛情和結婚是兩個人的事，有了孩子就是兩家人的事」。

我那個階段可以給身邊人隨時隨地寫小作文。致老公：男人們還想和他們的父親一樣生活，可女人們已經不願意像她們的母親一樣生活了。致婆婆：一個家只能有一個女主人。

至今想想，仍然汗顏，被荷爾蒙矇了心的我，只想一頓戾氣輸出。

什麼時候我開始主動學習、積極改變呢？一次，我抱著女兒去打疫苗，路邊汽車響了一下，女兒驚恐地縮到我懷裡，我不禁反思：家裡持續「響」時，女兒能縮到哪去？

於是，我決定從夫妻關係重建開始，畢竟一個內耗型的家庭不利於孩子成長，互為差評師的夫妻二人也會相看兩厭，於是我和老公心平氣和地談談，有孩子後，自己做得好和不好的地方，對方做得好和不好的地方。把為自己辯解，變成為對方考慮。

老公說：你和我爸媽鬧不愉快，我每次都站在你這邊。我承認：我每次都和我爸媽背地裡說你壞話告你的黑狀。

　　老公說：你愛看心理學的書，就拿我和我爸媽當素材。我承認：你從來沒有說過我的家庭和朋友的任何不是。

　　一番促膝長談，增進了對對方的瞭解，更增進了對自己的認識。夫妻有效溝通積極糾偏的態度，給所有家庭成員做了表率。

　　我現在可以說，截至目前，產後一兩年，是夫妻關係最好的日子，是婆媳關係最親的時光。僅有的一次大吵，讓大家想了很多，學了很多，改了很多。

　　托爾斯泰有本小說的開頭說，幸福的家庭都是相似的，不幸的家庭則各有不同。其實不幸的婚姻都一樣，就是內耗彼此卻從不學習。

　　熱衷於八卦新聞，可以為了不認識的明星的感情分析半天，卻不會研究自家的情感狀態。

　　買東西貨比三家，為同一個問題吵過三次架以上，卻不反思雙方是否陷入溝通惡性循環。

　　不要把愛停留在理念裡，而要把它放到實踐中，愛不是一種感覺，不是一種狀態，不是一個成品，它是一種能力。

　　梁靜茹唱著「愛真的需要勇氣」，實際上愛更需要學習。久處不內耗的親密愛人，都是活到老學到老。

02

從二人世界，
平滑節能過渡到三口之家

相處時的心動感，凝望時的深情感，
才是愛人區別於其他人的核心競爭力。

2021 年我填寫一份工作調查表，填完婚姻狀況、結婚日期、家人資料後，瞬間有點恍惚。以前，只填自己的資料。現在，我和老公有了女兒。結婚五年，我學會了一些婚後才明白的道理，不多，十四條。

二人世界：一屋兩人三餐四季

一、就算有孩子，也不要分房間睡

前幾天，我去朋友家參觀新居，她告訴我，她和老公分房間睡，我聽完後舉旗反對。她說出「睡眠很淺」這個原因後，我暫時保留意見，除非影響身體健康，否則最好一起睡，我反而覺得半夜醒來，

對方均勻的呼吸聲更能助眠。

二、就算吵架，也不要奪門而出

我們有一次吵架，我奪門而出，事後老公告訴我：「其實你不知道，你摔門走了，我自己在家裡有多受傷。」此後雙方都有意識地好好說話，就算我們爭吵，也不奪門而出，不分房間睡，頂多背對背表示怒氣值，第二天醒來，又和好如初。

對對方做過的錯事，一旦接受，就不要再翻舊帳，也不要讓自己壓抑、委屈，幸福在於愛，在於自我的遺忘。

三、吵架就事論事，不要追溯

看到一位作者說，她聽到一對夫妻吵架，吵得很有水準，他們做飯時，為了大蒜是拍還是壓吵起來，他倆後來達成一致，小的蒜就壓，大的蒜就拍，然後繼續愉快地做飯。

結婚後經常為生活中雞毛蒜皮的小事吵來吵去，但是吵架，只針對真正要吵的事，不管此事有沒有達成共識，都盡力做到不追溯，不擴張，不延伸。不要由微小不滿，變身回憶錄作家，細數陳年舊帳，疾風驟雨、從裡到外地指責對方，又在指責對方的過程中，感知到自己的悲涼。

四、不給對方設限，讓男人愛上說話

我常聽到身邊朋友抱怨，自家老公不愛說話。而我老公和外人在一起時，內向到冷酷；跟我在一起時，外向到話癆。我從戀愛起就提醒自己，不要用什麼「標準老公」、「標準男友」的話術和情商去訓練他，讓他想說什麼就說什麼。

他說話時，好好聽著就好，不在道德上上綱上線，不試圖教他做人，不指責他的想法不成熟，尊重他那片我不懂的精神世界。當然，也不必要求自己強行誇獎他、崇拜他。

五、送大禮不如小確幸

我曾聽朋友埋怨，她送她先生很貴的衣服，結果她先生輕描淡寫地感謝了一下，她把委屈種在心裡，在多次吵架中引為素材。

先是為什麼你不愛穿我送的衣服；再是為什麼只有我送你，你送過我什麼；最後是為什麼總是我想著你，你想著我什麼了？

我不知道怎麼接話，我只知道，送禮物一定要投其所好，我送老公禮物，就直接問有什麼又新又好又想要的遊戲，驚喜感是差點，但彼此都輕鬆滿意。

六、為對方製造浪漫時，浪漫的標準由對方定

我有一個女同事，小倆口相當恩愛，有一次女同事說，她老公玩遊戲時，她在旁邊看著。我和老公說了此事，他覺得這一幕極度浪漫。他曾經抱怨過我的愛好（看書）不如他的愛好（遊戲）那樣，能讓兩個人都參與其中。無奈我的遊戲水準實在太爛，但我發現偶爾看著他打遊戲，瞭解自己不太懂的東西，在他高興時陪著他，也挺浪漫的。

七、你的愛人，必須長在你的審美點上

在感情中，我認為一定要找「情不知所起，一往而深」的人，有錢、家境好，也比不上有趣、外表不油膩、自律這麼深得我心。

我甚至不認為需要有多聊得來，即使是精神上的空虛，也可以

寄託於創造和創作。

但相處時的心動感，凝望時的深情感，才是愛人區別於其他人的核心競爭力。我老公長年在乎自己的形象，注重衛生，研究穿搭，把自己打扮得乾淨清爽有風格。我也一直實踐著成為更好的自己。

哲學家桑塔耶納說：愛情的十分之九是由愛人自己造成的，十分之一才靠那被愛的對象。

他提供一點素材，我需要把他想像得更好。

八、每天都要表達「我愛你」

「我愛你」及其衍生內容，在社群軟體上說，在家裡說，上班前說，回到家說，看電影煽情片段時說。**每天有凝望，當他看著你時，不要想有沒有痘印，眼圈黑不黑，要用坦誠的眼神，迎接他的目光。**

九、談戀愛和結婚，女人一定要給自己節能

在男女相處中，女方如果執著於「雖然我不說，但是他要懂」的遊戲，注定會活得很累。我現在學會**直接提需求，直接在稍有不開心的時候就告訴對方，而且劇透到對方應該怎麼做的地步。**自己生病，不要裝堅強，直接告訴對方需要呵護以及呵護的具體步驟。只要他問你有沒有生氣，就先說生氣了，不要裝大度，心眼小就直說，在氣還沒越生越大之前，把它扼殺在萌芽中，就不會耽誤自己接下來的好心情和要做的事。趕緊自發而高效地恢復快樂。夏目漱石說過，所有的快樂，都會在最後歸結為生理現象。

三口之家：一家兩人三代四老

十、我們的孩子，你提供姓，我提供名

我超凡脫俗的老公曾說，孩子是我辛苦生出來的，應該隨我姓。我感動一秒後回絕了他，孩子隨他姓，我來取名，我想了很多個備選，我倆一起從中挑選，他知道我想出的每個名字的涵義，不需要多解釋。

十一、孩子以後熱愛對方，那是自己的功勞

我們的孩子，現在還不會說話。每次我倆跟孩子溝通，他教孩子叫「媽媽」，我教孩子叫「爸爸」。我告訴孩子，以後像爸爸一樣愛乾淨；他告訴孩子，以後像媽媽一樣愛看書。我告訴孩子他的優點，他告訴孩子我的閃光點。不要互相比較辛苦，我們甚至不想告訴孩子，我們為了她有多拚、多累。成年人都知道生活是怎麼回事，在外不容易，在家要甜蜜。

十二、夫妻是利益共同體，誰都無法侵犯

有一次朋友跟我訴苦，內容大概是自己偽單親，全靠雙方父母幫忙。我勸她打破這種模式，試著讓雙方父母暫時離開，由夫妻共同育兒。孩子哭鬧，她跟老公撒嬌說自己辛苦，讓老公搞定。

在育兒這件事上，夫妻永遠是利益共同體，即便你父母埋怨你老公，你聽聽別往心裡去；即便你公婆跟他們的兒子埋怨你，你老公也得站在你這邊。夫妻一條心育兒，老帶新也好，先進帶後進也好，兩個人必須成長為可靠的戰友和盟友。

十三、不要求對方融入自己的原生家庭

我的原生家庭很有紀律感，我和我爸媽，我們都是早睡早起，三餐定點，吃得簡單營養，除了水果和牛奶，平時很少吃零食。而老公的原生家庭，他爸媽起來後做好幾樣早餐，家裡常備多款糕點零食，誰想幾點起就幾點起，想吃什麼就吃，比較自由。

沒有誰對誰錯，不同而已，但兩個人在一起，你搞定你的父母，我搞定我的父母，誰的父母誰負責解釋，不要給對方添麻煩。

十四、夫妻關係是所有家庭關係的核心

當對方提起原生家庭中的不滿意，責怪自己家人的時候，握著手，好好聽，不發一言。我老公曾經跟我說，如果不喜歡他家的家族群組，可以直接退出；婆媳關係不舒服的話，可以減少相處。結婚其實對兩個人的影響可控，但是有孩子後，改變是顛覆級別的，尤其是一方父母來照顧小孩，簡直是把那一方的原生家庭整個搬進家裡。這時候雙方要明確，夫妻關係才是核心，越是父母在，越要添油加醋地強調恩愛。

總之，婚後五年，我們完成從一屋兩人三餐四季的浪漫，到一家兩人三代四老的現實。

夫妻兩個人是核心，之前一起玩，玩得開心；一起戰，戰得盡興。希望接下來的歲月，有過之而無不及。

03

把婆媳關係當成一件小事

我想說，簡單點，婆媳關係簡單點。

其實就分兩種情況，你需要婆婆，還是不需要婆婆，就這麼簡單。

很多讀者讓我聊聊婆媳關係的問題。

核心觀點亮個相：婆媳關係不是重點，即使有了孩子後，也不應該成為重點。

不管你有幸遇上好婆婆，還是不幸遇到惡婆婆，每個人認領到的婆婆並不一樣。恕我直言，就算婆婆的使命，是為了照顧兒媳和孫子孫女，你和她之間在教育背景、成長經歷方面，也有巨大的鴻溝。

你基本碰不上理想版的婆婆——你想她出錢，婆婆豪爽；你想她出力，婆婆待命。你們生活習慣相似，育兒理念一致，提供有建設性的幫助，提供讓你愉悅的情緒價值，生活有一點就通的默契。

哎，醒醒，你的婆婆更可能是這樣：做飯不合口味，生活習慣

邋遢，身體不好經常訴苦；很勢利，看不起你，覺得你能嫁給她兒子，撿了大便宜，看不慣你；喜歡孩子，甚至跟你搶孩子，跟你沒話聊，對你沒興趣；埋怨你為什麼生了個女兒，是個兒子多好，反之亦然；認為你太過焦慮，你的育兒理念和行為矯情又過於認真，當年人家幾個孩子都輕鬆拉拔大，就你事多。

不管怎樣，有一點可能相同：當你全盤否定婆婆時，你內心深處也會想到她對你為數不多的好，以及她處境的困難和不易。而當你覺得婆婆待你親如母女，恩重如山時，你內心深處又會想起她對你做過的那些讓你不爽，甚至傷害你的事，儘管很少，但確實發生過。

不要一下子觀念現代，覺得公婆辛苦一生，沒有義務幫你們的小家，幫你們是情分，不幫是本分；一下子又觀念傳統，覺得帶孩子不是媽媽自己一個人的事，小倆口沒老人幫帶孩子根本搞不定，希望婆婆能幫助你，但你又嫌她幫得不夠好。

太彆扭，心會累。所以，不管討厭婆婆還是喜歡婆婆，別說你們家情況有多特殊，別說你的婆婆有多奇葩，別說婆媳關係千古就是難題。我只想說，從現在起，把婆媳關係當作小到不能再小的事。

我看過有人煞有其事地分析，在錢、心、力層面隨機組合，有錢有心有力的婆婆完勝，沒錢沒心沒力的婆婆完敗。我想說，簡單點，婆媳關係簡單點。其實就分兩種情況，你需要婆婆，還是不需要婆婆，就這麼簡單。

不需要婆婆相對理想，歸納起來有三種情況。第一，可能你的父母願意且有能力幫你，身體好，你們原生家庭的氛圍很好。第二，你有錢支付保母的費用，而且特別難得地找到了信任的保母，幫你

解決帶孩子的問題。第三，你們夫妻兩個人協商出辦法，一個人有足夠的實力去賺錢養家，另一個人有帶娃的能力。

除此之外，你對公婆有需求。可能你能夠支付保母的費用，但是你不夠放心，就算不需要公婆承擔任何家務，至少你需要公婆來監督保母。可能家裡的經濟負擔已經很重，車貸，房貸，育兒教育的支出，你們夫妻努力工作，經濟方面還感覺吃力。你的父母或許出於身體原因，或者和自己原生家庭合不來，或者想去享受自己的人生，不想被孫子綁住，不願或不能來幫帶孩子。

如果沒需求，那就好辦，直接把婆媳關係當成人際關係去處理，喜歡就多相處，不喜歡就少來往。如果有需求，那也好辦，直接把婆媳關係當成同事關係去處理。由不得你喜歡不喜歡，為了你們共同的目標（照顧孩子）而努力。

既然是同事，就不要對對方過度期待，婆婆買菜做飯，把你們一家三口的飲食起居照顧得很好，對家庭整體氛圍負責，對孩子的教育負責，別異想天開好嗎？婆婆的工作，就是在你們上班期間看下孩子就行了。我知道很多媽媽會覺得，婆婆的觀念不夠科學，做的家務不夠衛生，看不下去，一看到就想說，說了就容易吵。

我的忘年交同事曾跟我說，她有一個朋友，去上海幫兒子兒媳帶孩子，她兒媳是連孩子吃香蕉都要精確到幾點幾分的人。

沒過多久，婆婆得了癌症，不僅沒辦法幫他們帶孩子，兒子還得騰出手來，從時間和經濟方面支援婆婆。

所以說，就算你覺得現實已經夠糟了，你工作很累，下班帶娃，老公不貼心，婆婆不省心，但現實完全可以更糟。

你的婆婆身體好好的，能鬧事，對你來說，至少是個好消息。一大家子在一塊，如果清醒一點，家和萬事興，為家庭氛圍去貢獻

自己的力量，每個人能從中分得巨大紅利。對於同事，平時該誇就誇，送送小禮物，節日送問候，大家都能增加積極性。

上海某幼兒博士曾經說過，她當時生女兒時，她的婆婆跟她說，要把這個孩子裹得特別緊，她覺得婆婆說的完全錯誤。她的二兒子是在美國的一個醫療機構生的，但是美國醫師也說，要很緊地把孩子包裹起來，避免驚嚇反射。博士說，其實有些老人的經驗是有道理的，只不過缺乏科學證明。其實誰錯誰對，沒有那麼重要，公婆基本上不可能害孩子，他們也有經驗。

一件事，不僅要考慮到嚴重程度，還要考慮到發生的頻率。像我曾經看我婆婆抱著孩子大便，之前月嫂跟我說不要把屎把尿，看到的當下，我很想說。但我腦子裡飛速想了三個問題。第一，婆婆養了兩個兒子，到現在都好好的，不至於弄一次就傷害到孩子，嚴重性好像不高。第二，婆婆不是日常帶娃，平時也很少弄，這次是特殊情況，因為那天孩子大便比較乾燥，頻率也不高。第三，我婆婆是個強勢的人，我說了她心情不好，況且她身體也不好。對看不慣的做法，我的方法，老人的方法，書上的方法未必絕對正確，互相穿插，多元補充，可能更有利於取長補短。

對絕對不好的做法，自己爸媽，很好開口，對公婆，我的妙招有：

1. 列 Don't do it（不要這樣做）清單。比如，我們家用的恆溫壺，平時接自來水，放到插座上，先煮沸，再自然回落到 45℃，如果忙亂，可能只是把自來水放上去，就算沒有先煮沸，水溫也能上升到 45℃。所以我在清單上寫上「恆溫壺先煮沸」。再比如，很多人餵孩子比較燙的食物，會條件反射地用嘴吹涼，怕燙著孩子，

但這樣不衛生，可能會造成幽門螺旋桿菌的傳染。所以我在清單上寫上「很燙的食物放溫再餵」。這些經驗，不是只針對公婆，對任何人，包括對自己都有提醒作用。

2. 體檢時問醫師。對有些不確定的問題，等體檢時，公婆同行，問問醫師，大家更相信醫師的話。

3. 育兒節目一起聽，吃飯時，可以播放育兒節目，全家人一起聽，總是媽媽在學習育兒，其他人都是經驗主義，媽媽容易成為家裡的異類，大家一起進步，媽媽阻力就會減少。

婆媳關係不重要，那麼，什麼最重要？我記得有一次，我用背帶背著女兒去打疫苗，走著走著，路邊有輛車突然響了一下，孩子一下子嚇得往我懷裡縮，那個反應，讓我特別難忘。

我在想，家裡面如果有人大聲吵架，或者大搞冷戰，孩子會不會也想往大人懷裡縮，但大人忙著吵架或冷戰，根本沒注意到給孩子造成的傷害。為孩子好，真的不用掛在嘴邊，家庭氛圍和諧，就是對孩子好。

「婆媳關係不重要」，我想對媳婦說，也想對婆婆說。我看到過不少婆婆或兒媳，說起對方，青筋暴跳，情緒激動。

放鬆點，不值得。家庭層面，孩子身心健康，夫妻關係，家庭氛圍，三代人的凝聚力，比婆媳關係重要一百倍；個人層面，身體、心情、精神、工作、愛好、夢想等，也比婆媳關係重要一千倍。

別再糾結你的婆婆不愛你，只要她愛孩子，就是幫你騰出時間來愛自己。如果她不愛孩子，那你們夫妻趕緊多賺點錢，讓錢幫你承擔一部分生活的猙獰。

04

不要被「密集母職」的社會風氣綁架

一個女人除了是媽媽，她還有其他社會身分，

有人以當母親為樂，

但也有很多女人想把社會屬性或專業技能發揚光大。

我很喜歡一個小女孩，因為我和她媽媽是好朋友。可是過去的一年，我一直在吃這個小女孩的醋。自她上一年級後，我和她媽媽的見面次數屈指可數。

好幾次我主動約朋友，她不是在送孩子去培訓班的路上，就是在陪孩子上培訓班的班上，日理萬機到抽不出時間來與我相聚。

有一個週日，好不容易我和老公找了個理由，去她家吃飯，也沒聊幾句，飯後她陪女兒練鋼琴，把她先生打發過來跟我們聊天。

她家新買的「老破大」的學區房，客廳裡添置了兒童把桿和鋼琴等新家具，讓我想到中學牆壁上的大字：為了孩子的一切，一切為了孩子。

在她家，我有點恍神，衣著不太在乎，妝髮不太在乎的朋友，

和我以前認識的那個去跳拉丁舞把身材跳得很好、週末經常張羅聚會笑到抽筋的人，是同一個人嗎？我明白她的人生拿到了新指令，但我也看到她的一部分，似乎被什麼東西給吃掉了。

從前聽過一首粵語歌曲：〈花吃了這女孩〉。女孩小時候可能會被像花一般的愛情吃掉，長大後可能會被所謂的「密集母職」風氣吃掉。

密集母職的概念，是在二十世紀九〇年代由社會學家雪倫·海因斯提出來的。用來描述一種在社會上越來越普及的觀念，媽媽首先應該是照顧者，應該投入大量的時間、金錢、精力、情感和勞動，來集中撫養孩子。

育兒專家沈奕斐說，在她的研究中，發現很多家庭，全家人的生活，完全圍繞著孩子進行，從居住到經濟再到假期安排，都是以孩子的需要和節奏為主。

親子關係高於夫妻關係，更高於代間關係。通常為孩子付出最多的媽媽，如果是職場女性，更會對孩子懷有愧疚感，因為她們覺得自己無法做到全心全意地照顧孩子。

身邊的人會對母親偶爾疏忽表達強烈的不滿。比如：

孩子頭痛腦熱，媽媽收到來自爸爸或者婆婆的壓力，你怎麼照顧孩子的？

孩子學習鋼琴，老師會對媽媽說孩子最近課業不達標，你得多多監督他練琴。

小學家長會上老師點名批評：×× 媽媽，你要負起責任，你的孩子這次拖後腿了。

這種「你看看別人怎麼當媽」、「你是怎麼當媽的」密集母職風氣，真讓人感到窒息。

在很多城市中，密集母職文化越來越成為城市中產階級家庭的主流。最可怕的是，有人把媽媽與孩子做了榮辱與共的關聯，孩子的成功就是媽媽的成功，孩子的失敗就是媽媽的失敗。

我認為很多家庭，在無意識地變成密集母職的家庭。女性朋友們，警惕呀，這是個大圈套。

1. 在養育孩子這件事上，女性即便承擔起照顧者的第一責任，但我們的社會目前還沒有相關的支持條件，如讓媽媽接受專業育兒課程教育，其他家庭成員支持媽媽的決定，並承擔育兒外的更多家事，現實中更可能是媽媽忙裡忙外，其他家庭成員還覺得她瞎忙、白忙。

2. 一個女人母職過重，容易因為孩子的事情，跟老公吵，跟婆婆吵，家庭關係劍拔弩張，夫妻感情日益變淡。在家容易變得嘮叨，對生活日常更熟悉，對社會百態更陌生，家裡人可能更不願意把她的話當回事。

3. 一個女人除了是媽媽，她還有其他社會身分，有人以當母親為樂，但也有很多女人想把社會屬性或專業技能發揚光大。以後孩子上文體培訓班，孩子要聽專業人士的話，媽媽們需要用自己的專業置換成貨幣，再去置換別人對孩子的專業教育。

4. 密集母職的家庭，孩子更容易因為母親的糾錯行為，變得自主性降低，獨立性低，逆商低，叛逆心增強，容易走極端。要麼是你說東，孩子不假思索地朝東；要麼是你說西，孩子就是要跟你唱反調地朝東。孩子的成長過程，是一個不斷犯錯，不斷改進的過程。但密集母職的媽媽可能不捨得孩子犯錯，沒耐心等孩子改進，就把自己的經驗告訴孩子，如此就會擠壓孩子自主成長的空間。而且孩

子負擔母親更多的榮耀感，變得壓力大，無法輕盈地選擇自己想要的生活。

我有了女兒之後，經常提醒自己和家人的一點就是：我不能被密集母職的文化吃掉。

我在家一直在給孩子做降低關注的刻意練習。

對於老人，我會在孩子安全的情況下，勸他們不必兩眼緊盯，讓孩子自己玩，讓他們也趁機休息一下。

對於老公，我常會提醒他當初的承諾，他曾答應我下班回家後先來看看親親我，再去看看親親女兒。

對於女兒，我會每天放下一切，讓自己彷彿穿越到童年一樣，陪她瘋玩、傻玩。而她自己玩時，我不想打斷她，糾正她。當我實在累了，我會說自己需要休息一會兒。當我有寫作計劃，我會跟她說我需要工作一會兒。一歲多的小孩子，我也不確定她能不能聽懂我說的話，但我也要說。

我知道她的前幾年，最需要我，我也很需要她，但我確實不想也不能成為一個只圍著孩子轉的媽媽。我確實試過只圍繞著她轉的生活方式，對「一歲前是建立安全依戀關係的重要時刻」這句話深信不疑。那段時間我很少寫文章，只看育兒方面的書，只社交媽媽圈，專心帶孩子成為我的置頂任務。

一段時間後，我的狀態肉眼可見地差，因為孩子的翻身問題，小題大做，風聲鶴唳，甚至帶她去醫院。醫師說孩子沒問題，反倒是我太緊張了，擁有了別人不理解的偏執。

於是我開始鍛鍊，寫作，工作，關注更大的世界，找人來幫我帶孩子。

　　我在女兒一歲之前，已經讀了大量的育兒書、母嬰書。有些書直接把「媽媽」打在書名上，如《好媽媽勝過一切》、《媽媽知道怎麼辦》、《母愛的羈絆》、《寫給母親的未來之書》……絕大部分的書，把母親作為目標讀者，暗示著這些書就是寫給媽媽看的。

　　當代媽媽，真的很累。我想重申，媽媽們，育兒的高標準我們稍微放低一些，另外也有技巧地把另一半拉進育兒圈。比如，撒個嬌，說：「親愛的，我當媽以後容易焦慮，我們一起看書討論，我認為你的見解很重要。」讓爸爸學起來。

　　我們不能眼睜睜看著自己走上社會上一條大多數人在走的路，一方面「媽媽是超人」，另一方面「爸爸去哪兒了」。

　　既然媽媽很忙很累，在育兒領域就要做減法，我只想抓住最重要的兩點：一是母女關係親密；二是母親快樂，且在自己的事業和愛好方面有兩把刷子。

05

一個人在家帶孩子，順便享受生活

體驗了一段時間，

我沒崩潰，吃飯、運動、休息、看書、寫作影響不大，

反而生出成就感和幸福感，

我再次對自己的適應能力刮目相看。

產後五個月，我把各種帶娃生態體驗了一遍。

第一個月，基本在月子中心；第二個月，月嫂在家幫我帶；第三個月，公公婆婆來幫忙；第四個月，爸媽來陪我帶娃；第五個月，我自己一個人帶。老公休完陪產假就正常上班了，早上 8 點出門，晚上 7 點回家，回家後摘下口罩洗完手，立即融入帶娃小隊。

這篇文章，我重點說說第五個月，我選擇自己帶娃的原因和做法。

1. 我喜歡體驗不同的生活方式。讓生活充滿變數不太現實，在一定範圍內微調，是生活熱情和寫作靈感的來源。

2. 每個成年人都有自己的事情。奶奶年紀大了，需要我爸和我叔輪流照顧，我媽也要複查身體，婆婆做了腰椎間盤突出的手術，

目前還在恢復中。

　　3. 一直有家政公司打電話問我需不需要保母，我產前經常關注，但疫情期間，盡量不想讓人來家裡，實在吃不消再說。

　　4. 我所在的媽媽群，月嫂或保母休息一天，媽媽們會如臨大敵。我想挑戰試試，看看自己能不能搞定孩子。

　　5. 最關鍵的是，我馬上要回去上班了，以後不能全天在家陪她，懷孕時她在我體內，出生後基本形影不離，這可能是我倆朝夕相處的最後時光，特別想好好珍惜。

　　體驗了一段時間，我沒崩潰，吃飯、運動、休息、看書、寫作影響不大，反而生出成就感和幸福感，我再次對自己的適應能力刮目相看。下面分享我的具體做法：

一、清單式育兒＋育己

　　每天睡前，我開始制定明日清單。在育兒本子上列明備忘，如要吃 AD 或 D3、大便情況、被動操、翻身抬頭、追視、講故事、唱兒歌、剪指甲等。在育己本子上列明待辦，如寫作方面完成什麼稿子的哪個部分，看書方面看完哪本書的哪個章節。

　　提高免疫力是我的重點，我像個醫師一樣，給明天的自己開處方。我會寫明泡腳、八段錦、骨盆底肌、腹部喚醒、訓練營、按三陰交、解凍肉、喝花茶，以及吃保健品等具體項目。翻翻冰箱，把明天三餐食譜，寫在便利貼上，貼在冰箱上。清單是我的私人祕書和外接硬碟，解放我的腦子，讓我不必記瑣碎之事。

二、按照孩子節奏，插播自己生活

　　女兒一般早上 8 點多醒，我基本在這之前自然醒。她醒來之前，

我做身體喚醒的運動，照著網路練馬甲線，跟著 Keep 練瑜伽。晨練完一般還有時間，就寫寫文章看看書。老公起床後做早餐，我倆邊吃邊聊，女兒常在這個時段醒來，在嬰兒床上嘰嘰咕咕、啃啃手指、觀察周遭。

等她召喚我，我再幫她洗臉、餵奶、換尿布。老公上班後，就是我和女兒的二人世界，我把清單上的事情，安排到她醒著的時候。沙發開闢出一塊地方，放她的鋼琴毯；玩厭了，就拿著彩色卡陪她玩，講故事，唱兒歌；快煩了，抱到搖搖椅上，給她曼哈頓球啃；啃煩了，再抱著她在家到處走走看看。她能自己玩就自己玩，能和玩具玩就和玩具玩，能和我玩就和我玩，把她抱起來是最後一招。她玩著或睡著時，我就在她身邊，高效開啟學習模式，聽線上課程、看視訊課程或看書。等她或叫或哭地召喚我，我再跑去滿足處於高需求育兒階段的她。

三、成為孩子的全天直播部落客

我準備做飯時，把她的搖搖椅拖到我腳邊，讓她看著我洗菜，切菜。我像個美食部落客一樣，聲情並茂地給她仔細介紹我在幹什麼，這個菜吃了對身體有哪些好處，那個菜的做法是什麼。

我上廁所時，把她的搖搖椅拖到洗手間門口，就我們母女二人，不需要關門，我像個科普部落客一樣，用最簡單的語言解釋吃喝拉撒。我聽課或看書後，像個知識付費部落客一樣，複述一遍剛剛輸入的內容。我看《六人行》或其他輕鬆節目時，把她的搖搖椅拖到面對著我、背對著電視的位置，我一邊看一邊笑，一邊像個娛樂部落客一樣，跟她講解劇情。我一般趁她吃完飯，較為安靜時運動，把她的搖搖椅拖到瑜伽墊前面，讓她看著我鍛鍊，做完鍛鍊又

運動部落客上身地跟她講鍛鍊的原理和好處。

如果她有點鬧，我就暫停在做的事，逗逗她，陪陪她。

除了順便聊天，還有專門對話，趁她注意力在線時，面對面，眼對眼地給她講兒童故事、禮貌問候語、親屬的叫法等，根據她的反應調整內容。一開始跟不會說話的嬰兒說話，我也感到彆扭，但想到「在孩子前三年，多以成人的語言和她說話，能夠幫助她大腦神經元發育」，我就開啟了話癆模式。

四、還能自己做飯的竅門

不得不謝謝我爸爸，我爸在回老家之前，幫我做了便利化處理，他買了很多的豬肉、牛肉、排骨回來。把牛肉切片，揉成比拳頭小一點的球狀，凍起來分裝。豬肉全部切成塊，凍得差不多了，再切片分裝。排骨也一個個地凍住。這樣方便我每頓直接解凍，要吃多少就解凍多少，省去買肉切肉的麻煩。他給我扛回來能放的食材，一大捆山藥和我最愛的馬鈴薯。蔬菜吃完後，在 App 上訂購，直接送到家裡。每次做飯很省時省力，提前把肉解凍，一小碗大米加點雜糧雜豆，然後洗菜，切菜，等米飯快熟了，下鍋炒菜。

五、怎麼休息好

睡前餵奶，盡量讓孩子睡整晚。中午她睡我也睡，盡量休息好。我沒有過多抱孩子，已經得腱鞘炎了，手還是省著用，等她真哭時再抱。很多時候，她無聊或煩躁時，給她講故事，給她跳支舞，按按開關，看看窗外，都能安撫她。晚上 7 點多老公回來，簡單吃點，然後他洗碗，做家務，我們隔一天給女兒洗一次澡。

六、怎樣避免心累

首先，避免受害情緒，壞心情會透過言行舉止的介質，方方面面滲透給孩子。當我生病煩躁時，女兒要麼情緒低落，要麼號啕大哭；當我平靜快樂時，我對她笑，她就對我笑，而且笑得超可愛。

其次，不要理會社會評價，思維上輕裝上陣，不需要成為眾人眼中的好媽媽，我這個媽媽當得好不好，只有女兒有評價權。什麼為母則剛，你該怎樣當媽媽，就算我聽見或看見，但我依然可以自己決定要不要聽進去、看進去。

看過一些部落客說，帶娃多累多煩，產後多難多醜，聽到一句為母則剛，情緒波瀾壯闊到要把全世界罵一遍，老公、婆婆、主管，全部推到對立面。我親自體驗了一番，帶娃當然有時很累，但有時也好玩，事物都是一體兩面，如果這是必經之路，請讓自己好過一點，幫手多一些。給自己洗腦自己被愛著，總比洗腦自己受害要好得多。

產後突如其來很多問題：人際關係、婆媳關係、事業關係、原生關係。像打乒乓球，我對面那麼多人發球，我接不過來，只能把那些湊熱鬧的對手趕下球桌。

現在自己的身體康復和帶娃，放在第一位，其他盡量放下。寫作效果沒那麼好，這段時間的輸入和輸出減少一點，對我一生寫作計劃的影響微乎其微。事業晉升沒那麼快，就算暫緩個一兩年也無所謂，在生娃之前，我的事業支點搭建了不止一個。

孩子算是我的緩衝帶，提醒一路高歌猛進的自己，適當放慢腳步；提醒一路成熟世故的自己，適當回歸童真。身體哪裡受創就修復哪裡，外貌哪裡變醜就努力變美。自我感覺良好，在現階段最重要。

06

把老公培養成高段位的育兒合夥人

據說孩子和父親多相處，

有助於他們建立親密關係，尤其是能夠增強孩子的安全感。

儘管我很愛我的女兒，很愛很愛，但我需要獨處的時間和空間。

有一天我和同事聊天，我說某個週六，自己去看電影，留下老公在家帶孩子。同事難以置信地問我：「你女兒才十個月，你老公就能獨自帶娃？」是的。培養老公獨立帶娃的能力，一直是我生完孩子後的重點工程。大家的時間都寶貴，我就直接上 123456 了。

1. 懷孕期間的預習。據說胎兒在第四週，聽覺器官就開始發育；在五至七個月時聽力形成；在七個月之後，能分辨聲音並做出反應。所以我懷孕期間，就鼓勵老公每天在我肚子前跟孩子說話、聊天、朗讀故事，希望孩子出生後，對他的聲音及整個人感到親切。

2. 月子期間的初練習。孩子出生後，在月子期間，我和老公都不怎麼敢，也不怎麼會抱這個小小軟軟的孩子，我們就跟著月嫂學習姿勢，用一塊小巾放在手臂上，然後抱起孩子，讓她的頭枕在小

巾上。那個階段的老公，趁著孩子睡著、孩子不哭鬧的時候勤學苦練。但他的技能值還比較低，別人把孩子交給他，他也得先擺好姿勢才能接住孩子，只會用右手橫抱孩子，兩邊手轉換一下都不會。孩子哭鬧了，他急得沒辦法，只能把孩子交給別人，然後自己雙手在那裡擺弄，疑惑地自言自語：「怎麼姿勢都一樣，孩子在自己手上就哭，別人抱就不哭？」

3. 二月鬧的技能進階。可能由於月嫂離開，也可能因為孩子的「二月鬧」，孩子兩三個月的時候經常哭，我十八般武藝全用上，什麼蘿蔔蹲、唱兒歌、秀玩具等，才能讓孩子不哭。他當時經常做功課，從網路上的外國兒科醫師，到新手爸媽教程，我倆一起看，一起討論，一起練習，一起實踐。那時候孩子哭起來，大人不能坐下，得一直走，一直唱，一直哄，稍微停一下就前功盡棄。

4. 老人在，也要保證老公的帶娃時間。小孩出生，全家都寶貝得不得了，老人們即便腰痛，即便手抖，都愛抱著小孩。我媽更誇張，剛來的一週，忘了吃降壓藥，說天天看著外孫女，心情好，精神好，身體也好。即便老人們擅長抱娃，熱愛抱娃，但孩子被抱太多，終究對孩子不好。老公下班後，我就說，孩子爸爸下班了，女兒肯定想爸爸了，爸爸肯定也想女兒了。於是，老公洗完手，換完家居服，就接過女兒，抱一段時間，然後把女兒放下，陪女兒玩。一舉兩得地解決孩子被抱太多和父女相處少的問題。

5. 循序漸進地增加父女獨處時間。女兒五個月時，我趁著產假最後一個月，讓老人們休息，我和老公帶孩子。老公上班，我在家獨自帶娃；老公下班，我把孩子交給他，我做一些白天帶娃不太方便做的事情，如洗澡、看書、寫作。我從和父女二人在一個房間，讓孩子看到我有安全感，到漸漸去別的房間，聽到哭聲再去幫忙。

在這個階段，我發現女兒和爸爸玩得越來越好。老公帶娃的能力有了極大長進，他自己一個人換尿布、餵水都沒問題。有一次孩子哭鬧，我忍住想出去哄孩子的衝動，試試老公能不能搞定。我想起孩子還小時，我也不太擅長抱娃，每次孩子哭急了，月嫂或婆婆把孩子抱過去哄安靜，我都覺得很挫敗。所以那一刻，我相信老公能靠自己的力量讓孩子不哭。我耳朵貼著門，聽到老公唱兒歌，放安撫嬰兒的音樂，檢查尿布，不停地跟孩子說話，拿出玩具逗孩子……女兒在他的多番嘗試下，終於不哭了，老公表示超級有成就感。

6. 我一個人出門，從忐忑到坦然。那段時間，我天天困在家裡，白天帶娃，儘管有時天氣不錯，我會背著孩子出門轉轉，但那種沒辦法一個人好好待一會兒的感覺，讓我很難受。我老公懂我，有時候他回家，或者週末中午，孩子睡著時，他讓我自己一個人出門走走，他說孩子可能睡得久，等你回來還在睡，就算孩子醒來，他自己也能頂一會兒，如果實在不行，就打電話給我。我出門只在小區走走，剛開始擔心孩子醒來，老公無力招架，但其實他從來沒給我打過電話，每次回去，都發現父女二人相處得不錯。

直到我一個人出門看電影。現在我倆基本分頭看電影，他在家帶娃的時候我一個人看了《我的姐姐》。他一個人看《哥吉拉大戰金剛》的時候我在家帶娃。我以前覺得老公是玩伴，在我自己跑去看電影時，我才發覺，老公已經從玩伴升級為戰友了。他能夠獨自帶娃，我就能放心去做很多事情，有效稀釋了帶娃的辛苦感，對我的身心很有好處。

據說孩子和父親多相處，有助於他們建立親密關係，尤其是能夠增強孩子的安全感。儘管我很愛我的女兒，很愛很愛，但我需要獨處的時間和空間。我的女兒信任我，愛我，喜歡和我相處，這

種快樂，我覺得老公也值得擁有，我不能大包大攬，事無鉅細。就算我是占有欲超強的天蠍女，我也希望孩子跟除了我之外的人多相處，這樣能幫她體驗不同層次和樣貌的愛。

如果女人一直覺得自己帶娃帶得好，帶得棒，看不上老公帶娃，老公做的不合心就嘮叨埋怨指責，長此以往，老公就跑去一邊玩遊戲了，然後自己累到半死，結果更看不慣老公。我不是天生的媽媽，他也不是天生的爸爸，在帶娃這件事上，女人就算天賦異稟，也需要老公參與，鼓勵他，幫助他，先進帶後進，直到他上手並享受。

這樣，我們才能一起成為相對輕鬆快樂的父母。

07

願女兒活得生猛而自由

願你一直有好奇心，

有探索欲，有表達欲，

真誠熱烈、自由生猛地活著。

女兒快八個月了，我陸續有感而發，寫在筆記本上。今天回看，心潮起伏，決定從每個月的筆記中挑出一句來存根。

第一，希望你雌雄同體地活著。

女兒的名字是我取的，相當中性，我希望女兒有股雌雄同體的勁。對男性或女性，人們都存在刻板印象，近年來打破固有印象的人越來越多，我希望你能發現雄性的優點，規避雌性的弱點，反之亦然。

不要囿於性別印象，一再受限，取長補短，發揮所長。我希望你成為一個通透理性的女孩，感性浪漫雖好，但作為媽媽，對你有種保底心態。理性，你可能沒有那麼快樂，但也痛苦不到哪裡去；

太過感性，過於文藝，傷春悲秋，容易被外物或外人撕扯情緒。不願你去談虐心的戀愛，在我看來，戀愛太虐心，就不是真愛。

尤其反對自己虐自己的行為，如果有一天你跟我訴苦，因為男朋友沒跟你說晚安，就覺得整段感情只有你在付出，那我會責備你的。

第二，希望你找的男朋友，是你真正的愛人。

這些年，我時常困惑於某些擇偶觀，比如，要找個對自己好的人，或找個聊得來的人，或找個在人生建議上能指導自己的人……

我認為，愛人，是所愛的人。一定要是「情不知所起，一往而深」，你看到他會小鹿亂撞，會心潮澎湃，會感覺到身體荷爾蒙的穩態開始變化，會想到下輩子還想和他在一起。

以後要聊天，可以找閨密；要人生指導，可以找忘年交；要職場建議，可以找職場先鋒。人好只是基本條件，人品純良，遵紀守法，無不良嗜好，這些作為朋友也得滿足。

在婚戀中遇到障礙時，理性思考，對於對方，分清自己究竟是喜歡，還是執著。其實很多人就是執著，有了執念，想不開，如果只是這樣，應該毫無掛念地離開，彼此喜歡才能讓雙方都快樂，而單方面的執著，只是自己的不甘心。

第三，捨不得讓你過太辛苦的人生。

我媽同事的女兒比我小幾歲，特別早慧，之前在新加坡和美國都有創業經歷。多年前，我中考完去她家玩，她對我說，現在要拚命讀書，工作以後就會清閒一些，人生前半段辛苦一點，後半段就會輕鬆一點。

　　我在中國的東西南北都住過，有安逸宜居的小城市，也有代謝驚人的大城市，我看到各種人的生活狀態，體會到自己在不同的地方，身體、語速、狀態都會不一樣。

　　中國很大，選項豐富，我看到一些一線城市的孩子還沒上學，就已戴上眼鏡。

　　有一次去北京出差，早班地鐵裡有個站著睡覺的小男孩，黑眼圈像倒影似的掛在眼睛下面，那一刻我體會到他父母和他的辛苦，男孩小學苦，中學苦，大學會稍微輕鬆一會兒，然後進入大廠或大公司一直苦。這是很多人追求的生活，但前半程很辛苦，後半程還是很辛苦的人生，我捨不得你過。

　　當然，你找到你的使命或夢想，能用心中的甜去抵抗世俗的苦除外。我曾聽大城市裡的孩子說，他們長大後不想要小孩，因為看自己父母一路走來太艱辛。但願我們都活得不要辛苦到讓對方心酸難受。

第四，你永遠是你的安全感和勇氣的第一責任人。

　　在你年幼時，爸爸媽媽幫你承擔大部分，然後循序漸進地交還給你，但我們永遠是你的堅強後盾。2021 年我有幸和一名知名的公益律師合作，我認真研究了她經手的幾個案例後，看到女孩被拍裸照，不敢告訴父母，選擇自己承擔，被壞人抓住弱點，進一步受人要挾。

　　新聞裡，年幼女童被壞人要挾，說要是告訴父母就怎樣；遇到網路貸款陷阱被人威脅，你不聽話就把照片發到網上；神經病男朋友甚至是不法分子，拿著你的不雅照，讓你屈服於他的意志；家暴男拿著不雅影片叫你不要告訴父母，不然殺你全家……

所謂不雅，是心態扭曲，心存惡念的人，沒有辦法吸引你，只能動用下三爛的手段控制你。

祈求上蒼，警察叔叔把壞人抓走，女孩們都不要遇上這種爛人爛事。但是不管發生什麼，都不要害怕，父母是孩子可以無條件信賴的人，一定要告訴父母，我們無條件站在你這邊，拚命保護你，你絕對不是一個人。

第五，希望你對自己的身體和思維，永遠鄭重其事。

我懷孕前，鎖骨下方長了顆痘，沒怎麼擠乾淨，覺得過段時間就好了，結果太輕敵了。前幾天去醫院，說是個蟹足腫，需要先做一個療程的照光（每週一次，共照六次），配合打針（每個月打一支激素類的針）。

所以，不要諱疾忌醫，就醫要趁早。鄭重其事地對待自己的身體，你以後可能記不得，六個月以後，我給你添加輔食，我的時間挺值錢，但你的食物比我的時間更值錢，我再忙再累，只要不上班，就會懷著美好心情，給你搭配輔食。

身體髮膚，受之父母，你以後不要在飲食和作息上任意揮霍，得過且過哦。你要記著，媽媽在最忙的時候，最重視的是你的健康。我把對你的愛和祝福，都融入了飲食裡。

對思維也要鄭重其事，願你一直有好奇心，有探索欲，有表達欲，真誠熱烈、自由生猛地活著。

學校有那麼多的學科分類，語文、數學、英語、化學、物理、體育、美術、音樂、地理、歷史、公民，還有很多冷門專業……它們不是要你成為一個通才，而是告訴你那麼多的學科，你總能找到自己感興趣的一科，成為養活自己、發展自身的載體。希望你遇到

事情，能分得清楚哪些是事實，哪些是觀點；對事件的分析，能夠用辯證的方法，知道正題、反題和合題。

在權衡利弊時，腦子裡不由自主地畫出一個坐標軸，分成四個象限，橫軸和縱軸的兩個指標，根據你的洞見提煉而出。在心態上樂觀，在準備工作上相對悲觀。

希望你善於分析規律，即便是打麻將，都能總結出胡牌公式，把複雜事情簡單化。希望你可以一步一個腳印地去堅持，去自律。

第六，希望你懂得生活既是過程，也是目的，就算有所追求，也不要敷衍生活。

就像電影《靈魂急轉彎》中講的，不要每天都説要去追求海洋，其實平時你接觸的每一滴水，已經讓你在海洋裡了。

你心心念念巨大的夢想，就算有幸實現，也很難突然改變你，塑造你的是一點一滴的日常。就像網球運動員李娜的教練卡洛斯一直傳遞給她的核心觀念，冠軍是一個短暫概念，它只意味著能夠享受歡呼的那個決賽夜晚，第二天早上睡醒覺起來，一切都將歸零，因為新的比賽即將開始。能夠享受生活每一分鐘的人，才是真正富有。

第七，盡快盡早地學會溝通，讓這個技巧貫穿一生。

我越來越覺得，溝通至關重要。好的溝通來自好的認知＋性格＋聰慧＋涵養，平衡自己的訴求，不要讓自己壓抑、委屈，也能心平氣和、語氣堅定地告訴對方什麼是自己的底線和原則。溝通時，即使在有利益衝突的前提下，明白你和對方的利益，依然能找到共贏的利益點去展開溝通。

説話時，盡量把消極的詞換成積極和感激的詞。因為你説的話，會影響你的思維。

用謝謝你來代替對不起的內容，如與其説「對不起，我遲到了」，不如説「謝謝你一直等我」。此外，讓那些説話總是令你感到不舒適的人，離開你的舒適圈。

第八，我們對你的教育，只是拋磚引玉。

我們這代父母，處於思潮和變化激盪的時代中，有時我會困惑以後怎麼教育孩子。

從懷孕起，我看了不少幼兒教育書，包括心理、溝通、營養和教育方法，在紛繁的資訊中，我總結出兩個關鍵詞：尊重孩子，終生成長。

我們比你年長，先知道點東西，教給你後，你會學到更多，到時候你多教教我們。爸爸媽媽就算是努力地在學習、在成長，可對新時代的你來説，我們的認知會越來越過時，我們對你的教育，只是拋磚引玉，希望你跟我們分享你眼中的神奇世界。

我和你爸都是普通人，無法給你優秀的基因，萬貫的家財，但是我覺得我們習慣還不錯，性格也不錯，關鍵是超級無敵愛你。

希望你快意人生，平安順遂，我們永遠愛你，千千萬萬遍。

08

為什麼我勸你
「和誰都不爭，和誰爭都不屑」

誰痛苦，誰改變；誰損失，誰負責。

我再加六個字：誰做到，誰厲害。

同事一早憤憤不平地找我評埋，我心裡還在默默嘟囔著「我沒有取得專業的家務事裁判資格證書」時，同事的家務事就劈頭蓋臉而來。

「昨天吃晚飯，桌上肉料理是一盤煮的蝦，我婆婆剛開始悶頭吃飯，抬頭看到我桌前的蝦殼堆成小山，帶著催促和責備二合一的語氣，讓她兒子趕緊吃蝦，說完婆婆看到我把剝好的蝦全放進孩子碗裡，又悶頭吃飯。所以你看，吃蝦這麼一件小事，就看出婆婆把我當外人。」

我這個新晉奉承附和著：「別為小事壞了心情。」

同事無縫銜接道：「吃蝦確實是件不值一提的小事，但是不值一提的小事多了，就會積少成多，讓人心寒。」

我繼續當奉承：「那可不！」

同事委屈地追溯：「我們結婚前，公婆去我家，婆婆拉著我媽的手，承諾以後會把我當女兒一樣對待；結婚後，尤其是有了孩子後，我總有一種外人感。」

我不希望同事陷入自憐的內耗情緒，於是勸她：「她說把你當女兒，一個敢說，一個敢信，她第一次當婆婆沒有經驗，就像我們剛上學時，還以為考大學不上清華大學就進北京大學呢！當時所言皆出肺腑，但此一時彼一時。

「換個角度，她對親生兒子就無可挑剔嗎？肯定說錯過話，做錯過事，發過脾氣，說不定還動手打過。再說，我們父母輩的人，很多沒有好好地被愛過，如果他們不會愛自己和愛別人也不難理解。

「回到吃蝦，如果她看到兒子一直猛吃，說不定也會讓兒子趕緊給媳婦剝個蝦。」

看同事情緒趨穩，臉色緩和，我繼續吹耳邊風：「我也不想說誰都不容易、誰都有難處之類隨便的話，只是覺得爭對錯、爭輸贏不靠譜，清官都難斷家務事，輸贏對錯如何取證和評判，贏了有勳章嗎？對了有獎金嗎？生活、工作、帶孩子哪個不累，在不重要的賽道上，主動放水讓別人獲勝，結束哨聲一吹響，自己鬆口氣玩別的。」

爭輸贏，別和我爭，一爭就是你贏；辯對錯，別和我辯，一辯就是你對。我還有個隱祕的賽道，我想和你比一比誰的內耗小。

這世上有很多時候需要爭輸贏，戰爭要爭，比賽要爭。也有很多事情需要分對錯，考試要分，法律要分。

針對微觀層面，我斟酌後傾向於不爭。我想舉一個小例子和一個大例子。

先說小例子。《圓桌派》我一集不落，如果問我對哪位來賓的哪段發言印象最深，我肯定脫口而出：馬伊琍說，如果在路上別人踩到她，她會首先跟人家說對不起。

以我的心思去揣摩，我覺得她不想把小事擴大化，而想息事寧人，珍惜時間，善待情緒，以絕後患，因為還有更重要的事，因為不想與人糾纏。如果是個正常人，他說對不起，你說沒關係，萬一對方不正常呢？為了控制風險，寧願自己先說對不起，你錯我錯都不重要，就當自己錯了，萬一對別人的錙銖必較，換來別人對自己的睚眦必誅呢？

再說大例子。1996 年，綁匪張子強經過周密計劃，綁架了李嘉誠的兒子李澤鉅。最終，李嘉誠花了 10.38 億港幣贖回了兒子。整個過程，驚心動魄，其間，李嘉誠和張子強的一段對話，耐人尋味。

張子強問：「你為什麼這麼冷靜？」

李嘉誠答：「因為這次是我錯了。」

張子強好奇：「你錯哪了？」

李嘉誠解釋：「我們在香港知名度這麼高，但是一點防備都沒有做，比如我去打球，早上 5 點多自己開車去新界，在路上，幾部車就可以把我圍下來，而我竟然一點防備都沒有，我要仔細檢討一下。」

從道德也好，法律也罷，當然是綁匪錯了，而且錯到犯罪，但道德評判和法律審判都是事後結論。

在談判時刻，李嘉誠是當事人，世界上什麼人都有，那是世界的事，但如果自己提高安全意識，加強安保措施，是可以避免的。對自己的疏忽，他願花十億元破財消災，保住兒子生命安全，避免綁匪撕票。如果兒子有什麼三長兩短，以後就算道德和法律都站在自己這邊，也沒多大意義。

如果以阿德勒的「課題分離」理論來看馬伊琍，來看李嘉誠，其實就是兩段六個字方針：

誰痛苦，誰改變；誰損失，誰負責。

我再加六個字：誰做到，誰厲害。

我最近遭遇的事就屬於「道理都知道，還是過不好人生」系列。

因為家裡有老有小，我寫作和拍影片需要安靜的空間，於是在家附近租了個複合式的工作室，預付了半年租金。繳水電費的月分，本地發生疫情，我上班回家兩點一線，沒去工作室，發現房東忘繳水電費時已過期無法補繳，她讓我買個電暖器。

本地疫情剛結束，我不想退租後重新看房，就選了個 CP 值高的電暖器。但天氣越來越冷，在沙發上打瞌睡就鼻塞，脫掉羽絨服錄個影片就感冒，反覆數次，我決定止損。

我以為房東繳交水電費算她違約，她認為我提前退租算我違約。我著急解決，仲介不停地調解，但在異地的房東總說忙，總在拖，連押金都不想退。

有一天夜裡醒來，我越想越氣，退租事宜盤踞在腦海中，我當房東時，疫情期間曾主動給租客免去兩個月的租金，為什麼我當租客時，全部付清租金，為別人多番考慮，對方卻推卸責任，想著想著還以小見大上升到平臺如何保證租客權利，應該讓租房者、買房者擁有評價機制，就這樣想到天亮，於是第二天精神萎靡。

在我的多番催促和妥協下，終於成功退租，心裡尚未解脫，回到家裡，打開手帳，解決我心理不平衡的歷史遺留問題。

兩個小方法，我用過多次依然管用。

換位思考，首選枕頭四角法。

　　一個枕頭有四個角，這四個角分別對應四個立場，分別是她錯我對，我錯她對，我們都對，我們都錯。

　　她錯我對：她應按時繳水電費，應體會我的居住體驗。

　　我錯她對：在發現沒暖氣後，我應更有前瞻性地處理。

　　我們都對：是疫情造成的陰差陽錯。

　　我們都錯：低估現實的意外和困難。

　　涉及利益，推薦利弊轉換法。

　　很多時候把自己從受害者的位置強行換到受益者的位置，會緩釋不甘心和不平衡。

　　我經濟方面吃虧，居住體驗也差，多次生病，效率低下，沒有達到租房預期。但也有受益的方面，比如跨出了拍影片的第一步，拍出幾個點閱率不錯的影片，驚喜地發現樓下有家好吃的店，在房間裡久違地體會到獨處的快樂……

　　透過枕頭四角法和利弊轉換法，不再戀戰，心態平衡，速速翻篇。

　　我常常感激金庸創作了老頑童周伯通這個人物。

　　在初代五絕中，東邪量小，西毒心惡，南帝痴瞋，北丐貪吃，品學兼優的王重陽擔任初代五絕之首。

　　而在新五絕中，東邪有了寬宏，南帝修了佛法，西毒歐陽鋒的傳人楊過去毒得義成為西狂，北丐洪七公的弟子郭靖為國為民成為北俠，而從沒想著成為天下第一，只是單純喜歡武功，心思單純，頑童心態，無須返璞歸真，因其一生真璞的周伯通擔任新五絕之首。

　　在《神雕俠侶》的最後，在新五絕的評選活動中，黃藥師笑道：「老頑童啊老頑童，你當真了不起。我黃老邪對名淡泊，一燈大師視名為虛幻，只有你，卻是心中空空蕩蕩，本來便不存名之一念，

可又比我們高出一籌了。東邪、西狂、南僧、北俠、中頑童，五絕之中，以你居首。」

如果我們在一些第二天就顯得無關緊要的小事上，把對錯輸贏看得淡泊，視為虛幻，不為成全別人，但求放過自己。

「我和誰都不爭，和誰爭我都不屑」，這是英國詩人蘭德的詩，楊絳將其翻譯成中文。我覺得這也是楊絳的信條。在一次採訪中，她再三強調自己「甘心當個零」，她說「我這也忍，那也忍，無非為了保持內心的自由，內心的平靜」。

同樣的思想還在她的《隱身衣》一文中有所流露：「一個人不想攀高就不怕下跌，也不用毀謗排擠，可以保其天真，成其自然，潛心一志完成自己能做的事。」

很多時候人們在爭輸贏、爭對錯時，好像只看得到一張天平圖，看到自己吃虧受損，落入下風，自己得爭取回來，要占到便宜。

但還有一張效能圖，類似冰箱上貼著的「能源效率標示」圖，上面有一個三角形，從下到上分為五層，依次是紅色、橙色、黃色、淺綠色和藍色。

當輸贏對錯、利益得失讓你爭得臉紅脖子粗，胸悶血壓高，除了天平圖上的誰上誰下，還要看效能圖上的自己現在在哪層。

約翰·肖爾斯在《許願樹》裡的那句話：「沒有不可治癒的傷痛，沒有不能結束的沉淪，所有失去的，會以另一種方式歸來。」輸了口舌之爭，可能以好心情、好作品的方式歸來；贏了內耗之爭，說不定以結節、囊腫、腫瘤的方式歸來。

如果一件事對我沒那麼重要，對別人更加重要，那就順水推舟讓對方贏好了，減少內耗，累積能量，畢竟我們要潛心一志，完成令自己歡喜的事情，成為令自己歡喜的自己。

Chapter 7

內 養 提 案

是珠玉就打磨，是瓦礫就快樂

受黏稠思維支配的人，想事情黏黏糊糊，做事情
拖拖拉拉，人與人之間黏到沒有清晰的邊界感，
事與事之間稠到無法就事論事。
我們需要邊消耗邊恢復，見縫插針、不擇手段地
休息，不要讓自己全部放電完畢，再回家一次性
地充電。

01

你要休假，不要「假休」

據我所知，很多人經常把休息日，活成翻譯家朱生豪所描述的狀態：

「一種無事可做，即有事而不想做，一切都懶，

然而又不能懶到忘卻一切，心裡什麼都不想，

而總在想著些不知道什麼的什麼。」

　　如果早知道世界被疫情搞成這樣，當初我們就應該好好度過 2020 年前的所有假期，珍惜人類正常秩序下的每一個假期。

　　但轉念一想，即將到來的假期，也要好好度過，說不定這是近年內還算不錯的假期。

　　後疫情時代的休假，團圓和相聚、回家和旅行、活動和演出都減少了，你可能身在異鄉，可能就地度假，假期的歡愉，更需要向內尋找。

　　據我所知，很多人經常把休息日，活成翻譯家朱生豪所描述的狀態：「一種無事可做，即有事而不想做，一切都懶，然而又不能懶到忘卻一切，心裡什麼都不想，而總在想著些不知道什麼的什麼。」

很多人的休假，其實是「假休」，真正的休假高手，怎樣度過假期？

一、營造休假氛圍

休假需要儀式感。像我這樣在家寫作的人，休息日到來之前，需要有意識地給自己營造休假的氛圍，不然一不小心，就把休息日變成了居家辦公日。

休假之前，我常常會去家附近的花店買花。心理學家湯姆·布坎南博士說過，當女人看到鮮花時，思考、說話或行為，都會變得柔軟而浪漫，更容易為男人的愛意所打動。

柔軟浪漫的狀態，不僅在戀愛時需要，休假時更需要。響應吳爾芙那句「她可以為自己買花」，給家裡增添繽紛和生機，給自己注入柔和與美好。我會把最近還沒看完的工具書插上書籤，放回書架，看書也只看無功利的書。

另外，把那些清單或待辦之類的效率工具收起來。休假時需要慢下來，不要像趕場般過於匆忙，甚至遊玩時也匆忙打卡和拍照，疏於將自己的五感與風景、時間真正地融為一體。在家裡布置提示物，在心裡掛起休假牌，提醒自己，休息日的當務之急，是好好休息。

二、重視規律生活

經過大學時代的寒暑假，工作以後的年假和春節假期，我有一個切身感受：假期的前半段見證了父母對自己的想念，後半段見證了父母對自己的嫌棄。

我回到家後，想幾點睡就幾點睡，想幾點起就幾點起，起床以

後，睡眼惺忪，不修邊幅，精神渙散。

　　打開電視，窩進沙發，要不就玩手機，玩到後面發現手機也沒有什麼好玩的。父母花心思做了一桌好菜，由於我整天躺著，上頓沒消化，下頓吃不下。父母忍耐幾天後，該晨練就晨練，該見人就見人，有一次我還撒嬌，好不容易回家一次，你們都外出，醒來看不見人，太不珍惜和我相聚的時光了。父母對我說：「不趁早出門，會忍不住罵你。」

　　後來我被父母拉著早起，去公園晨練，呼吸新鮮的空氣，逗逗樹上的松鼠，整個人元氣滿滿，食欲滿滿。

　　很多人每逢休假，就睡亂生理時鐘，還揚揚得意地總結出睡到下午 1 點，是 CP 值最高的度假方式，因為省下早餐和午餐。休息日飲食無度，作息混亂，不僅起不到休息的作用，還會產生更需要休息的副作用。按時起床、吃飯、睡覺，醒來開窗，沐浴朝陽，白天多與自然接觸，睡前和家人溫馨聊天，生活規律比什麼都重要。

三、為了工作而玩

　　「雖然自己不喜歡工作，但是為了能出去玩，必須得賺錢；雖然每天加班辛苦，但用多賺的錢買喜歡的東西很開心。」這種為了玩而工作的想法似乎很常見。這樣的人大概認為，只有在公司的八個小時才有薪資，除此之外的時間，完全是自己的自由時間。

　　日本作家松浦彌太郎卻不這樣認為，他說，公司付出的薪資，除了在公司的八個小時，也涵蓋了不在公司的十六小時。

　　公司所付的薪資，不僅僅是對工作的報酬，還有對休息時間所支付的金錢，這是讓員工做好健康管理以及快樂生活。快樂生活包含學習和豐富心靈的過程，只有快樂地度過每一天，讓生活充實美

滿，才會產生好的創意，保持工作的新鮮感，持續學習，反覆思考，更好地完成工作。

劉墉也說：「竟日閒散和終日忙碌的人，非但沒有收放自如的瀟灑，也很難有天外飛來的創意。人不可不奮進，也不可不休閒；休閒是為奮進積蓄力量，奮進是為休閒創造空間。」

工作日好好工作，休息日好好休息和玩樂，滿血復活後，再返回工作崗位，靈感都會倒貼你，這一點從事創作的我最有體會。

電影《紅豬》裡有句臺詞：不會飛的豬，只是一頭豬而已。同樣，不會玩的人，也只是個工作的工具人而已。

四、差異化平衡術

我在《聰明人的才華戰略》一書中，看到個人需求的金字塔理論，從下到上依次是身體、頭腦和精神。

如果生活中缺乏鍛鍊，營養不夠均衡，身體層面容易出現問題；頭腦層面是指工作、智力和娛樂；精神層面是指情感和自我實現等。

理想狀態呈正三角形，從下到上依次分成等高的三個部分，身體在最下，頭腦在中間，精神在最上。三個層面的精力分配不平衡，會產生不穩定的金字塔。好的說法是不完整的生命，不好的說法是過早地死亡。

每個人可能都存在偏差，如運動員的身體部分占比過大，擠占了頭腦和精神的空間；書呆子或工作狂的頭腦部分占比過大，把身體和精神向兩側擠壓。

現實確實會制約我們金字塔的平衡，但在休息日這段更能自主策劃的時段，根據個人情況，判斷缺少什麼，然後展開撥正。

如果我感覺到生活中充滿應接不暇的變化，那麼在休息日就給

自己安排單調重複的活動。比如跑步，左腿和右腿重複交替，眼前除了跑道，什麼也看不見；耳邊除了風聲，什麼也聽不見。這種單調重複極好地平衡了之前的複雜多變。

如果我感覺到家長裡短的事情撲面而來，那麼在休息日就給自己設置安靜的獨處時間。讓自己進入一種什麼都不做的無為狀態，最先浮現在腦海裡的事，就是自己心中最大的問題。這樣能做自己的知己，也能有效地消除心理疲勞。

五、追求主動娛樂

工作和學習重要，娛樂也同等重要。

日本作家樺澤紫苑在《最強腦科學時間術》一書中說，娛樂大體可以分為兩類：一是既不需要專注力，也不需要什麼技巧的「被動性娛樂」，如看電視；二是需要專注力、目標設定，並需要不斷提高技巧的「主動性娛樂」，如讀書、體育運動、智力遊戲、演奏樂器等。

對於大多數的我們，物理位移在公司和家之間，精神和話題的位移取決於各種軟體的「熱門」、「日推」、「排行」、「熱搜」，讓我們彷彿活在傳送帶上一樣，一個熱點後面還有另一個熱點。

別因為每天都像生活在傳送帶上，就忘記自己也會朝著喜歡的方向奔跑。

魯豫曾問竇文濤：一個人怎麼過休息日呢？會不會很可憐？竇文濤說：不會，一個人開心著呢，而且常常覺得時間不夠用，早上起來沏壺茶，然後看看這個，翻翻那個，再研究一下字畫，一天就過去了。

每個休息日，我們都要想方設法，探尋和體驗到生命中高級的

歡愉。

　　看書或者看劇，像是在偷別人的人生來豐盈或安慰自己，在作者或導演的引導下，開展一場自己和自己對話的旅程。

　　如果以各個學科的角度來看「閒暇」：

　　哲學家認為是生而為人的過程，是生命的自由體驗；

　　社會學家認為生活方式和生活態度，可以發展人的個性；

　　經濟學家認為閒下來才能去消費，經濟才能達到柏拉圖效率。

　　總之，不要辜負了「閒暇」這個時代奢侈品。

　　休假前，準備休假前的儀式感，讓自己調整到「為工作而玩」的心態。休假中，調整自己身體、頭腦和精神的平衡，化被動娛樂為主動娛樂。休假後，身心放鬆，心靈成長，以容光煥發、生機勃勃之姿披甲上陣。

02

職場人士下班後再休息就晚了

不管是主動的工作狂，還是被動的工作狂，

必須探索碎片化休整的小心機，

休息、修復、鍛鍊於一身，無痕融入工作中。

聽說過一句話：讓你累的，從來不是工作，後面緊跟著的可能是人際關係累，是情緒內耗累。

我不是槓精，但我以一個工作十多年的人現身說法，工作本身就是會讓人疲勞，即便沒有辦公室政治，沒有負面情緒內耗，沒有當眾彙報的緊張，沒有臨近截止時間的壓力。

撥弄滑鼠的右手手腕很痠，保持固定的坐姿拖垮全身血液循環，盯著螢幕的眼睛痠澀乾癢，邊歪頭夾電話邊敲擊鍵盤，等掛了電話，脖子有彷彿落枕般的疼痛，開會討論說得嗓子冒煙、聲嘶力竭。

上下班的通勤也累，坐公車，擠到前門刷卡再去後門上車；搭地鐵，在換乘站跑到上氣不接下氣；乘輕軌，成為最後一個上車的

人，臉和手都被車門玻璃壓成平面。

有一天看雜誌，一位名校畢業生進入知名熱門網路公司實習。她說，公司配有高級的健身房，但基本沒人鍛鍊，一來是沒時間，二來是沒力氣。高強度工作到晚上 10 點下班，叫個車，前面居然還有一百多號人在排隊。

現代職場工作時間長，思考密度大，大腦多線程運行，一天下來，累得人仰馬翻。不管早上多精緻地出現在辦公室，下班時女職員頭髮散亂，男職員領帶鬆垮。

很多對職場人士的健康提醒，要健康飲食、規律作息、加強鍛鍊，但我覺得，職場人士如果下班後再休息，就晚了。

我們需要邊消耗邊恢復，見縫插針、不擇手段地休息，不要讓自己全部放電完畢，再回家一次性地充電。

辦公室的隱形工傷是不可以報銷的。工作忙，加班多的人，聲稱沒時間鍛鍊和休息，可身體沒有耐心給我們陳述藉口。

所以，不管是主動的工作狂，**還是被動的工作狂，必須探索碎片化修整的小心機，集休息、修復、鍛鍊於一身，無痕融入工作中。**

我按空間來說說我探索、蒐集、親測的有效辦法。

在通勤途中：

越是嘈雜忙亂，越要正念休息。

我需要步行到車站等車，以前的我耳朵裡塞著耳機，聽書聽歌聽課，後來我找到了更好的休息方法，自主提升注意力，均勻呼吸，體會周遭，向上看看藍天，向遠處看看青山。

上車以後，仍然沒有必要立馬急切起來，感受座椅和臀部接觸的觸感，感受背部靠著椅背的感覺。

感覺心穩氣定以後，在不會打擾到周遭人的前提下，可以來幾組小運動刺激工作日。

面部運動：先嘟一會兒嘴，再咧嘴大笑，多次更改嘴巴形狀，閉著嘴巴用舌尖繞著門牙做順時針運動，每三至五次後更換方向，戴著口罩更加方便。

核心鍛鍊：我產後就跟核心槓上了，有時只坐椅子的前 1/3，雙腳輕微離地，背部往後靠，但不接觸椅背，這時已經能感受到腹部輕微的灼燒感，配合著深入腹部的呼吸，呼氣收核心肌群、收盆底肌，吸氣放鬆，做幾組，讓自己燃起來。

我的通勤時間不短，中間覺得身體僵硬時，上身拉長脖子，沉下肩膀，讓肩膀向前向後做繞環運動。下身讓腳趾像握拳一樣蜷緊，再突然把所有的腳趾鬆開。

如果你騎腳踏車通勤，停車時，試試用一隻腳蹬著地，另一隻腳在踏板上趁機向後延展一下小腿肚，做幾組盆底肌收縮，稍稍保持一會兒，再放鬆下來。

如果你需要負重，像是拿著或背著沉重的筆電，走路時，收緊核心，找到核心發力的感覺，挺直脊背，把肩胛骨向後夾緊。

在辦公室座位上：

把電腦調整到合適的高度，頁面設置成豆沙綠色，每隔四十至六十分鐘看看遠處，注意護眼，這種基本的就不說了。

產後有段時間，因為體內鬆弛素加上頻繁抱孩子，我患上了「媽媽手」，我體會到腱鞘炎的威力，那段時間買了手部按摩儀，提東西、抱孩子盡量戴護腕，等鬆弛素分泌結束後，我的「媽媽手」痊癒了，但我依然記得那種疼痛，於是手不打字或點擊滑鼠時，用

力伸開五指，再緊緊捏緊，手腕順時針、逆時針扭轉活動。瀏覽網頁時，我會試著換左手操作滑鼠，多措並舉讓自己遠離「滑鼠手」。

工作中需要久站或久坐，都需要用相反姿態和運動去平衡。我看到身邊有頸椎、腰椎問題的同事或家人，痛起來不是鬧著玩，頸椎病犯時戴著護頸托上班，腰椎間盤突出時走路連腳趾都痛。

回家推薦做貓式等瑜伽動作，但上班期間，坐著也可以做骨盆操，手扶髖部，交替做骨盆的前傾和後傾，保持脊柱的靈活性，沒人時甚至可以站起來做。

我有一次上午去其他公司開會，看到對方公司播放廣播體操的音樂，讓大家在座位旁邊活動。我看到 Netflix 等公司，站著開會或討論，很是羨慕，但現實中大部分的工作環境是坐著工作，坐著開會。

人一旦久坐，挺胸抬頭的姿勢也難以為繼，但還是盡量不要圓肩駝背，不然背部肌肉拉長，腹部贅肉隆起，骨骼、體態、身材和精神氣會全面失守。

打字思考間隙，訓練一種條件反射，把手放在鍵盤上，做肩膀前後繞環也很方便，舒緩吱吱作響的後頸，雙腿伸直，雙腳離地讓腳掌打直或勾起，活動循環受阻的雙腿。

打勾一項任務，在開啟下一項任務前，可以雙手或雙腳或手指畫「8」字，雙手握拳再突然爆發式鬆開，讓大腦和肌肉得到更加充足的供血。

感覺大腦反應慢下來又不得不集中精力，可以故意誇張地打哈欠，能打多大就打多大，打哈欠的同時，緊繃的後頸與肩部肌肉會變得鬆弛，吸入的氧氣可以為全身注入元氣。

坐著時，腰椎間盤會受到身體重量的壓力，可以做一些左右轉

體練習。

工作期間，如果電話多，發言多，感覺聲音疲憊，喉嚨不暢，可以透過鼻子短而急促地呼吸，好像要把前面一張揉皺的紙團吹走一樣。

我是我們辦公室唯一的南方人，有時我說完一句話，同事沒聽清，我得再說一次，我意識到自己說話有時會吞掉某些音節，如果我說話時，強調嘴巴和下頜的運動，會讓吐字更有輪廓感，吐字清晰，說話更省力，至少不需要透過提高音量或重複內容讓對方聽懂。

人在緊張時，聲調普遍會拔高，尤其是女性，這樣很累。可以做降低音階的練習，如音樂課上 17654321 的練聲，讓聲音順勢下滑。如果口乾舌燥，要經常喝水，萬一在彙報演講不便補充水分呢？我看過書上一個招數，輕輕咬一下舌頭前部，刺激唾液腺，聲嘶力竭或破音的情況會改善很多。

在走廊上：

我把走廊視為很好的休息場所，好不容易從座位上站起來，試試拉伸脖頸，頭頂朝天，用暗力壓低肩膀。

我從辦公室去洗手間，需要走一會兒，我會使用「正念瑜伽步」，就是在走路時，把注意力從剛剛的工作中抽身而出，集中在移動的手腳上，仔細感受腳底與地面接觸的感覺。每走一步，仔細感受引發腳部肌肉和關節的複雜連鎖反應。從後到前由腳跟到腳底再到腳尖，每走一步都好好地感知自己是怎麼收步、邁步的。

從洗手間回辦公室的路上，我會甩甩沒乾透的雙手，然後刻意讓眼睛看看走廊盡頭，再回到鼻尖，而且要增加力度，彷彿有人給

你的眼睛傳來一個隱形的籃球，你用眼由遠及近地接球，再用力把球傳出去。讓眼珠在眼眶裡畫五角星，一些遠近調焦和運轉眼球的鍛鍊，對我這種需要頻繁用眼的近視族實屬必要。

長時間工作，下頜會變得緊繃，這就是所謂咬緊牙關，所以在走廊上，可以用剛洗過的手按摩咀嚼肌。

有時需要乘坐電梯，可以踮起腳，以適當的速度上下移動身體，促進下肢血液循環。

工作給我們提出各種 KPI，但我們不要忽視身體也在給我們提 KPI。很多人只顧完成工作上的 KPI，忘記工作過程中也應該節能和修復，回家後，呈現出一副忙得灰頭土臉、累到不想說話的樣子，惹伴侶生氣，那回家可能來不及休息，就得忙著吵架。

提升工作進程中的復原力，讓單調遞減的精力曲線止損，是一個職場人士的必要修養。

03

精時力管理，
以「能量守恆原則」過一天

「精時力」管理是條船，

把又忙又累的你，從這頭渡到那頭，讓你成為直爽的你；

把灰頭土臉的你，從這頭渡到那頭，讓你成為熠熠生輝的你。

如果你忙，總把「沒時間」掛在嘴邊，我推薦你做時間管理。

如果你累，總把「被掏空」當口頭禪，我推薦你做精力管理。

如果你感覺又忙又累，分不清是忙是累，或者好不容易有時間卻沒精力，難得精力充沛卻沒時間，那麼，「精時力」管理瞭解一下。

以前我精力不錯，有著貧血患者不該有的活力，後因工作寫作兩頭忙，自我深造時間管理課題。時間管理漸入佳境，生命中引入「孩子」這一變量後，時間和精力大洗牌，壓根不服我管。

於是這一年我置頂「精時力」管理，希望**單位時間的精力值有定存的部分，也有活期的部分，隨用隨取，用後即生。**

我看很多美國書籍，作者把幾個重要策略的首字母提取出來，組成新的單字，好記好用。於是我就把「精時力」管理的祕密濃縮

為 "secret"，**每個字母分別代表運動、飲食、睡眠週期、休息、簡單和工具。**

一、S（sport ／運動）

我把運動作為「精時力」管理的帶頭大哥，是因為每個人都會自發睡眠、飲食和休息，但運動就不一定了。因為沒精力，所以不運動，這是因果倒置，**越不運動，越沒精力。**

我把運動定義得更廣義，能對抗重力的就是運動。我現在的運動包括**技巧運動、有氧運動和反久坐運動。**

技巧運動是像瑜伽、舞蹈、籃球、足球等有技巧、有規則的運動，我現在每週至少去一次健身房練瑜伽或跳操，平時有空就打開App，跟練一段形體芭蕾。

有氧運動是能保持心率在一定程度上的運動，我現在每週練習兩至三次橢圓機，每次半小時。

有氧運動和技巧運動，會對大腦產生有益且互補的影響。

我每次運動完，能明顯感到思維更清晰，靈感更茂盛，壓力附著物排出，多巴胺附體，焦慮和煩躁暫時告退，我像打了最高級的腮紅，對世界愛得小鹿亂撞。

德國有項研究，當人們在完成相對高強度的運動後，趕快背單字，效能會提高 20%。

運動會分泌腦源性神經營養因子，促使大腦神經元之間的連接、活躍程度和膨脹程度，讓你記憶好，變聰明。我向自己發起一場反久坐的生活方式運動，人類久坐到令人髮指的地步，上班坐著，上車也爭先恐後找座位，到了任何一個房間，站著像是破壞某種約定俗成的平衡似的，一定得趕緊坐下。

我在家會拿個紙箱墊著筆記型電腦站著寫作。我們的新家，在我和老公的工作室，打算放置兩張升降書桌，養成站著用電腦的習慣。**站起來工作或談事，是拖延症的剋星，也是好身體的救星。**

二、E（eat／飲食）

最近一次精力塌陷，是因為飲食出了問題。我爸炒的四季豆沒有完全炒熟，導致我夜裡起來上吐三次，下瀉一次，第二天無精打采，形如廢人。

「精時力」飲食法則，就是**盡量維持血糖穩定**，避免大起大落，少吃血糖生成指數高的食物。**一日三餐變成五餐**，不要吃得太撐，撐到食睏的地步，不要餓了才吃，不要渴了才喝。

我以前一日三餐吃得飽飽的，平時基本不碰飲料和零食。帶娃期間經歷幾次低血糖引發的心悸，以及暴餓後猛吃的頹喪後，我減少了正餐的食量，上午、下午簡單加餐。正餐以一巴掌蛋白質、一捧蔬菜、一拳頭主食為佳。**一定要細嚼慢嚥**，前幾口尤其要慢，餓的情況下，最好別吃軟爛的粥，避免血糖升得太快，也別吃熱氣騰騰的麵或番薯，熱的食物會吃得飛快。

營養學裡有個「法國悖論」：法國人吃得很「三高」，肥胖率卻最低，因為吃得慢。和身邊人分享零食，自己**吃個兩三口就打住**。精力不太夠卻需要用腦時，喝幾口咖啡或茶水，思維就會清晰明快，不要多喝，同樣**喝個兩三口就打住**。血糖的穩定，就是精力的穩定。

三、C（circle／睡眠週期）

睡覺睡的就是睡眠週期，分為睡眠前、睡眠中、睡醒後。

睡眠前，白天接受日光洗禮。晚上天色已晚，**光線從亮變暗，聲音從吵變靜**，記住，**「睡前不玩手機是中華民族的傳統美德」**。

沒重要的事，就把手機放到五公尺之外，有重要的事，記得調成夜間模式。看電視的，把槍戰片換成紀錄片；看書的，把小說換成國外理論書。家裡有娃的，播放寶寶催眠音樂，自己以 0.75 倍速開始講小故事。

睡眠中，九十分鐘是一個週期，根據預計的起床時間，來鎖定睡覺範圍。比如，早上 5 點半起床的我，要睡五個睡眠週期，晚上 10 點左右入睡最為理想。晚上 9 點半，自己和孩子就上床，為睡著時刻準備著。

睡眠中，孩子成為最大挑戰，孩子餓醒，要起床沖泡奶粉，睡覺過程中，孩子或用頭拱我，用手戳我，用腿踢我，我必須要具備強大的抗干擾能力。心裡太煩躁或思維太活躍，到客廳看本枯燥的理論書籍，是我嘗試過很多方法後的壓軸武器。

睡醒後，到窗前晾晒一下自己，褪黑激素撤退，血清素升高，利用早起時光，做點自己喜歡或精進自己的事。除了夜間睡眠，白天需要小睡，如規律性地午睡，或者在通勤路上、等人期間見縫插針地小睡。

四、R（rest／休息）

以前，我看孩子玩得好好的，我會表情誇大、動作誇張地逗孩子，硬要陪她做遊戲，給她講故事。沒多久我就累了，等她哭鬧起來，精力欠費的我雖心生煩躁，但還得強顏歡笑，覺得帶娃實苦。

其實，孩子一個人玩時，就是我養精蓄銳的時段。在資料流和演算法推薦下，看手機影片或圖文，是偽休息。用沒停頓的語速或

很洗腦的音樂塞給你一堆資訊，累眼累耳更累心。

真正的休息，會讓身心得到不同程度的復原。喝夠精力復原乳，如果孩子需要，才能卯足精力地迎「孩」而上。一旦她要爬樓，我能護她周全，她亂吃東西，我能馬上拿開，她要我陪，我能全心投入。

「精時力」休息法則就是，**隨時隨地採用適配的休息方式。時間很短，就用瞬時休息術**。電腦網頁更新得慢了一點，我就啟動正念休息，閉上眼睛，先呼後吸，感受呼吸吐納，幾個回合後，焦躁和疲乏會退後半步。**時間適中，就用調節休息術**。開啟身心腦與工作的反狀態，在辦公室工作用腦力快節奏，在室外休息就用體力慢節奏。工作與工作的間隙，梳梳頭，揉揉太陽穴，聽聽搖滾樂，精力會向前一步。**時間較長，就用附體休息術**。週末有時間，抽離現實，看一本書，體會作者的所見所聞所感，看一部電影，附體主角的奇幻漂流。

五、E（easy ／簡單）

時間管理的書我涉獵過很多，時間管理的方法我實踐過很多。以前我喜歡探索自己的狀態上限，從番茄工作法到清單革命，從甘特圖法到子彈筆記，從緊急重要四象限法到一日三分法，從柳比歇夫時間管理法到達文西的睡眠法……

不管曾經的理論和實踐有多登峰造極，嬰兒從來不會出現在你的條理、計劃、流程中。她才不管你在不在番茄時間裡閉關修練，才不管你什麼緊急什麼重要。而且她精力無限，據說奧運冠軍陪兩歲的孩子，沒多久，冠軍就累翻了。趁孩子自己玩著，趕緊恢復精力，如果下一步她鬧了，我馬上有笑臉和體力陪她哄她；如果下一步她

睡了，我馬上有腦力和狀態精進自己。對於隨時待命的你，方法極簡才是硬道理。擅長游擊戰和持久戰，學起來不費力，用起來很省力。**隨時補充精力，擴增能量密度，精簡管理工具，減少情緒內耗。**

六、T（tool ／工具）

我現在不用那麼多時間管理 App+ 筆記本 + 清單 + 表格了。我把我的「精時力」管理工具刪成了三項。

口袋本，只記錄跟自己有關的事項，隨時背在包裡，寫作寫哪些，學習學哪些，身體補什麼練什麼。**需要回覆的待辦事項，就用社交軟體的「標為未讀」功能。**工作或生活中需要和別人配合的待辦事項，著急的馬上就辦，不著急的化零為整地辦。不用專門在本子上記錄任務時間人物等資訊，而是直接把聊天對話框標為未讀，有空再做，做完回覆，直到小紅點消失。**在規定時間內要做完且不需回覆的待辦事項，就用手機鬧鐘。**有明確截止時間的事情，預計一個可能有空的時間，設置提醒鬧鐘。

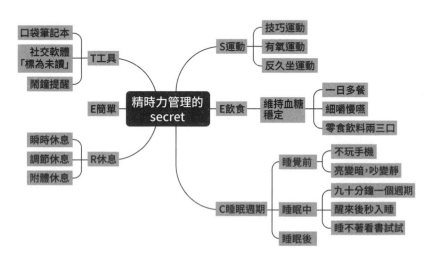

總之，我的「精時力」管理的祕密就是，晚上盡量充滿電，白天精力隨時間遞減時，插入碎片化的 S（小小熱身）E（喝水吃零食）C（打個小瞌睡）R（放空一會兒）。給精力一個緩衝，把一路下跌的精力皮球，用球拍頂一下，讓它上彈。好方法簡單易操作，好工具一個頂幾個。

「精時力」管理是條船，把又忙又累的你，從這頭渡到那頭，讓你成為直爽的你；把灰頭土臉的你，從這頭渡到那頭，讓你成為熠熠生輝的你。

04

低內耗的公式，讓人生輕裝上陣

每個人都有自己的漫漫取經路，

而取經先驅者們已經告訴我們抵禦八十一難的或許不是七十二變，

而是低內耗公式中的四個要素，

在利他中釋懷，在專注中成長，在享受中減壓，在學習中精進。

近年來，我喜歡一個叫中島敦的作家，他出生於日本東京，祖父和父親都是漢儒學者。

我讀過他對《西遊記》師徒四人的看法，讓我驚喜地找到了低內耗的本質。那就是**唐三藏式的利他信仰，孫悟空式的純粹專注，豬八戒式的享受此刻和沙悟淨式的求解精神**。

一、唐三藏的利他信仰

妖怪一旦襲擊唐三藏，他立刻受制於妖怪，一個手無縛雞之力的人卻深深吸引三個徒弟追隨，因為**三藏「能夠忍受自身的悲劇性，勇敢追求正確而美好的事物」**。

他在日常生活中做好了不因外界事件而動搖內心的準備，也做

好了隨時可以為了利他平靜死去的準備，在對待生活上，一切都無須解決，因為所遇即必然，他已經把必然看成自由。

有一次我看《朗讀者》，看到河南麥爸菜媽的故事大受震撼，要量化麥爸茹振鋼的科學研究成果，那就是在中國飯桌上，每八個饅頭裡有一個是茹振鋼培育的「矮抗 58」；要形容菜媽原連莊的科學研究成績，那就是在中原地區，每十棵白菜裡就有五棵是原連莊培育的「新鄉小包23」，**如果糧食開口說話，很可能是河南口音。**

麥爸無限深情地凝視著小麥，如數家珍地介紹道，「這個叫矮抗 58，非常好管理」、「這個叫百農 4199，是最先進的」，他是夜半時分會去麥田和麥苗聊天，聽小麥拔節時嘣嘣聲響的人，他是研究了八年的矮豐 66 失敗後，急起來咬自己手臂，整整四年才恢復的人。

夫妻二人撲在田間裡頭，生活安之若素，女兒在白菜地裡長大，女婿也是農業科技人才，全家都在為中國餐桌而努力。正如他們所說：「我們家決定，繼續努力地做研究，服務我們國家、我們老百姓。」

我很難想像這樣一個人或一家人平時會被生活中的瑣事影響心情，心中有大願景，應該也很難留下小情緒了。

二、孫悟空的純粹專注

孫悟空會七十二變，這項技能需要極致的專注，**原理是先要有想變成某物的意念，然後使這個意念變得極為純粹，如果意念強烈到無以復加，自然成功，失敗就是因為不夠專心、不夠專注。**

孫悟空戰鬥時全神貫注，身上每個部分都煥發生機，精神和肉體燃起熊熊火焰，不管處於何等危險中，他只擔心能否完成眼中的

事情——降妖怪，救師父。

孫悟空不提及過往的事，也許他已經忘記過去的事，但他將每次經歷帶來的教訓都深深融入血液，「教訓轉化為精神和肉體中的一部分，所以沒必要將過去的事情一一記在心裡」。

他活得特別純粹，能夠單純地肯定自己的人生，外人強加給他的思維方式，除非自己認可，否則就算是公認的想法，他也不人云亦云。

人類很難和石猴相比，我們容易分心，經常走神，但厲害的人在工作中、興趣中能進入心流狀態，眼前只有一件事，感受到一股洪流帶領著自己，達到人事合一的渾然忘我境界，全身心浸泡在當下的事裡，幾個小時如同一瞬。

三、豬八戒的享受此刻

深愛著人生、深愛著世界的豬八戒，用盡自己的嗅覺、味覺、觸覺來體會這世間。

有一次，豬八戒猜想極樂世界究竟長什麼樣子，也是喝著冒著熱氣的熱湯，也能痛快地大快朵頤嗎？如果僅像傳聞中的仙人吸風飲露地活，那叫什麼極樂？

在豬八戒眼裡，世上讓自己快樂的事情數不盡，「夏日，在樹蔭下午睡，在溪流中沐浴，在月夜下吹笛；在春日初曉晨寐；在冬夜爐邊把酒言歡」，說到愛情之美好和食材之美味，能說上幾天幾夜。

世間有很多快樂，但享受也是需要能力的。一個人心裡總懸掛著未完成的事，不會切換成當下視角，不會以清零的心態和全開的知覺來對待生活中每個盛裝出席的瞬間，那麼即使吃穿用度再稀

缺、再昂貴，生活品質也難以提升。

四、沙悟淨的求解精神

在中島敦的故事裡，沙悟淨曾吃了九個和尚，九個人的骷髏圍繞在他脖子上不肯離開。

別人沒看到，但他深感不安，不斷咀嚼悔恨，反覆苛責自己，所見所聞皆令他消沉，變得毫無信心，沉浸在想法裡。

流沙河底傳言他得了因果病，不管看到什麼，遇到什麼，都會立刻思考為什麼，但這些問題是最頂尖的神仙才會思考的，普通生靈總想這些根本活不下去。如果這輩子沒什麼機緣，一輩子都難以快樂。

沙悟淨看著魚歡快翻動著魚鱗在游動，總會想為什麼只有我不開心？

為了讓自己快樂，他尋訪流沙河底妖怪中的思想家，得到了很多不同角度的開導。

有妖精說，活著的時候不會死的，死亡來臨時，我們已經不在了，又有什麼好怕的？

有妖精說，只能立足於現在而活，現在很快就會變成過去，下一刻，再下一刻也是如此，此時此刻才無比寶貴，只思遠慮，必有近憂。

有妖精說，不能一概而論地說思考不好，只是不能一味地去思考「思考」本身。你將萬事萬物浸泡在意識的毒液中，而那些決定命運的重大變化都是在意識之外發生的，你出生時意識到自己誕生了嗎？

還有妖精說，你不要對旁觀者的位置戀戀不捨，在生命的漩渦

中氣喘吁吁的人們，其實並不像你看到的那樣不幸。

……

直到有妖精為他指出明路，你過於在意得失，所以遭遇無量的痛苦，僅僅依靠觀想是救不了你的，獲得救贖的辦法只有一個：你要摒棄一切思念，開始行動。

後來沙悟淨行動起來，機緣之下成為唐三藏的三徒弟，一路上耳濡目染唐三藏的利他信仰、孫悟空的純粹專注、豬八戒的享受能力，克服困難，西天取經，度人先度己。

我在沙悟淨身上看到自己的隱喻，能力普通，想得太多，學不會極致的專注，卸不下包袱細品快樂。而沙悟淨對我的啟發是，當意識到不開心後，就勇敢地尋求答案，然後行動起來，人生才可能有後續的優美篇章。

古今中外對《西遊記》有許多解讀和理解，我從中看到**低內耗的公式：有深感興趣且甘心付出的事，專注做事，善於玩樂，好好休息，意識到內耗後不斷求解，展開行動，把內耗降到極低的水平，讓自己處於熵減（規律）的狀態中。**

每個人都有自己的漫漫取經路，而取經先驅者們已經告訴我們抵禦八十一難的或許不是七十二變，而是**低內耗公式中的四個要素，在利他中釋懷，在專注中成長，在享受中減壓，在學習中精進。**

若一路負重，請輕裝上陣。

05

每天一個降低內耗、甜寵自己的小技巧

你來人間一趟，不要行色匆匆，

吃好喝好尊重人性中的原始快樂，要玩要樂讓生活勞逸結合，

親近大自然讓自己變得純粹，學習小孩子讓自己貼近純真。

現在的讀者們越來越不喜歡聽「我有一個朋友」的故事，但我確實認識一個狠人朋友。曾狠到直接找主管申請「做三個人的工作，領兩個人的錢」，週末連軸轉，年假不休息，不到兩年，身心凋零，從深圳辭職，去大理調整。

狠人朋友的故事長存我心，提醒我平時就要讓重壓即有即排，別讓內耗長期駐紮，淤堵身心，要內養自己，別讓自己的身心枯萎得太快。

做個低內耗的成年人，需要掌握甜寵自己的小技巧。

第一個方向，從吃喝中找到最簡單的快樂。

一、有空就煲鍋湯

我曾在廣東生活幾年，深愛各種湯湯水水，因為工作虐我千百遍，湯水對我如初戀。喝完豬蹄湯或雞腳湯，嘴唇立馬豐盈，喝完胡椒豬肚雞湯，周身酣暢淋漓。即使離開多年，有閒情逸致時，我還會跑到菜市場買回新鮮的食材張羅煲湯。我的寫作搭檔慶哥是廣東人，經常給我寄來她搭配好的懶人湯料包。春天的茅根竹蔗湯，夏天的酸梅湯，秋天的雪梨杏仁湯，冬天的五紅湯，潤喉潤胃又潤心，補形補神補元氣。

二、自製創意菜品

有一次去一家新開的餐廳吃創意菜，覺得味道好吃中帶點奇怪，反正就是怪好吃的，忽感餐廳廚師工作有趣，回家也想發揮創意，正好那段時間家裡有盒酪梨，正愁著不知道怎麼吃，單吃吃不慣，沾醬、加糖也相繼宣告失敗，後來發現和牛奶放進料理機裡打成汁，居然怪好喝的，接著探索酪梨和不同品牌的牛奶碰撞出來的火花，每次精心搭配，發揮想像，做好了叫創意菜，做壞了叫黑暗料理，一切需等嘗味時才揭曉。

三、尋找城市美味

我剛來這個城市時，經常讓同事和朋友給我推薦當地最好吃的東西，往往他們推薦的時候，會帶出和美食相關的個人故事，然後我和老公找時間專門去吃，邊吃邊分享同事或朋友的故事，不看手機，五感全開，專心吃一頓飯。

四、觀看美食書影

誘人的畫面，動人的文字，即使嘴巴吃不到，但意念就著口水吃著美食的滋味，也是一種不同尋常的味覺享受。

第二個方向，在玩樂中讓身體得到徹底放鬆。

五、用水帶走壓力

泡溫泉、泡澡、泡腳有說不出的舒適感，常規有常規的享受，例外帶來指數級驚喜。有一次我和我媽聊天，她提到有一次我給她盛了洗腳水讓她泡腳，她覺得感受美妙難忘；有一次我請老公幫我盛水泡腳，也有類似感覺。

六、嘗試新鮮項目

很多人越長大，喜好越固定，而我偶爾打開團購 App，選擇一些當下在年輕人中比較流行和新鮮的項目，如密室逃脫、劇本殺、情緒發洩屋、零重力空間、真人 CS 等，偶爾約著朋友或獨自前行，雖然有花錢買罪受的風險，但說不定能玩得盡興或認識新朋友。

七、參加文體活動

在越大的城市，越能享受文藝、體育活動的樂趣，疫情前我還會在週末去趟北京，看看名人故居，各式展覽，體育賽事。疫情後，雖然對本地線下演出的脫口秀巡演或文藝表演極為感興趣，但因家中有小孩，本身也有社交恐懼，心裡雖癢，卻不敢前往。有一次朋友懷念看球的氛圍，雖然被後面暴躁大叔的手鍊砸到，但她還是期待疫情滾蛋，想去看球。

八、沉迷趣味運動

我有時過於注重鍛鍊的必要性而忽略了運動的趣味性。有一次在瑜伽館搭訕一位身上有肌肉、眼裡有力量的姐姐，求她推薦當地好玩的運動，看我是同道中人，她熱情地把她學滑板、學拉丁、學泰拳的教練聯繫方式給我，回到家我忍不住把她的交友圈翻到底，去吉林滑雪的照片配的文案是「不會因為一個人愛上一座城，但會因為一項運動愛上一座城」，在網球館的照片配的文案是「聽砰砰砰的擊球聲，一切不快都打到九霄雲外」。

九、享受正念按摩

有一次和老公跑完居家裝潢市場，味道薰得腦子痛，走在路上巧遇一家按摩店就進去按腳，一小時後，頭不痛了，眼不澀了，腳步輕盈，心情清爽。受此啟發，我辦了張 SPA 卡，每個月抽空去一次，溫熱的精油在背上暈開，配合師傅剛柔並濟的掌間力量，步步深入，擊退每寸疲乏，環環相扣，緩解皮下辛勞，層層迭進，喚啟身心活力，放空腦袋裡的想法，卸下心裡的負重，從感受氣味、溫度等環境參數到感受當下的感受，手指壓到穴位的痠和遊走經脈的爽，按完有一種接近零卡頓的狀態。

十、放聲唱首歌

沒孩子、沒疫情時的週末我會和朋友去唱歌，各種搞怪、吼叫、深情、亂舞，後來和老公或母親逛商場時看到迷你 KTV 就一時興起進去唱半小時，不費力就有好音質，有一種歌手在錄音室錄歌的錯覺，唱完整首還有錄音同步到手機端，偶爾聽聽，趣味盎然。現在沒時間、有孩子、有疫情，家裡的智能音響常播兒歌，偶爾趁孩子

不備，點一首想唱的歌，放聲唱首歌，心情加倍好。

十一、讓自己哭一場

如果笑讓人精神，那麼哭能讓人爽快。各種脫口秀、爆笑綜藝和搞笑影片等讓人發笑的節目，應該和感人的電視劇結合起來。笑點能讓人迅速發笑，哭點需要耐心和醞釀，我心情持續低落會有意識地找哭，幾乎所有狗狗的電影或抗疫宣傳片都能讓我狂流動情之淚。《減壓腦科學》一書中告訴我們，流淚，尤其是流動情之淚能夠調節神經傳導物質，讓壓力從更接近根源的部位切斷。

十二、請一個迷你假

有一次看一篇社群平臺的文章，竟然看到朋友的留言，文章主題是壓力大時如何調整，他說他會請一天事假，在家玩遊戲、看書、睡覺、發呆，當時我納悶他不是公司的中流砥柱和業績達人嗎？但轉念一想，工作提前安排好，你離開半天一天，真的不至於癱瘓，花點時間照顧自己更重要。人在煩躁時，做點任性的事情很有鎮定效果。

十三、靜下心做手帳

以前我總用日程本、效率本，近年來越來越離不開手帳，不給自己限定條條框框，有空有興致就打開手帳，記錄一下今天的所見所聞所感所悟，或和自己好好談談心，或感謝周圍人對自己的照料，做手帳的一天，是閃閃發光的一天。

第三個方向，在自然中感受神級享受。

十四、沿海岸線騎行

我現在居住的城市擁有中國最長的海岸線，平時天氣好時，找個清晨去騎行，遊客們還沒動身，看到的都是熱愛生活的人們，跑步、游泳、散步，風輕拂過臉，眼前一片開闊。偶爾脫去鞋襪，站在海邊，閉上雙眼，張開雙手，讓海水的律動平復心中的起伏。

十五、沿著山路爬山

我現在居住的房子就在山下，小區裡有一條不算隱祕的通道能直接上山，每年春秋兩季是我的爬山高峰期，有段時間下班把包放回家，換上運動鞋爬山，山路兩邊的樹草花是我的無線充電器，爬到山腰的亭子處，瞭望城市，高樓與我同樣高，車水馬龍顯得渺小，依山觀海中，我在靜謐卻洶湧的風水寶地呼吸吐納，新陳代謝。

十六、感受科幻小說

高中時我算得上半個科幻迷，後來備考、離家、工作，科幻漸漸淡出我的生活。生完孩子，一推瑣事，下班路上開始聽科幻小說，在劉慈欣的三體宇宙中感受宇宙遼闊，未來莫測，也買回家一些科幻小說，甚至看了不少看不太懂的科普書，把人類抽象成渺小群體，在更多維、廣闊的宇宙中遨遊。平時關注著房子和孩子具體的小事，再看看黑洞、銀河、星際塵埃、白矮星、反物質……讓自己的思想遠近調焦，浪漫宏大地休息一番。

第四個方向，像嬰兒感受原始的快樂。

十七、及時安撫自己

我女兒出生後哭鬧得厲害，大人拿出安撫奶嘴，她合上嘴巴，產生有節奏的律動，哭聲停止，情緒安靜下來。看著她吃奶嘴這麼香，我計劃等她戒掉奶嘴後，一定要試試，結果很失望，沒什麼味道，吸兩下就不想吸了。每個階段的人都要找到適合自己的「安撫奶嘴」，嚼點東西，做點運動，讓身體的某個部分律動起來，有效安撫自己的煩躁情緒。

十八、抱抱絨毛玩具

我女兒一歲半就上幼兒園了，剛開始的幾天不太適應，我發現她總是抱著幼兒園的一隻小熊，走到哪都抱著，甚至抱回家裡。有一天我突發奇想，買了一個稍大一點的絨毛玩具，我想抱抱看，體會女兒的心境，暖暖的，軟軟的，毛茸茸的，真的會讓自己更有安全感。大人們能做回小孩子，幾秒也幸福。

十九、哭過馬上就忘

小孩子們有一項我羨慕的超能力，就是上一秒還哭得上氣不接下氣，下一秒就笑得無憂無慮，合不攏嘴。大人們總有隔夜仇和隔夜愁，太應該向小孩子學習，及時翻篇，每一刻都是嶄新的，好奇地看著、觸碰、感受，很認真地活在當下。

當我生完孩子覺得內耗增多的時候，其實孩子也在教我怎麼降低內耗，怎樣放慢生活，怎樣滋養自己。

一個生活的有心人，會發現生活中隱藏著很多內養補給包，有

的幫我們增加能量，有的幫我們延長生命，有的幫我們過關斬將，有的把我們送上雲梯，只是很多時候我們按部就班急於通關沒看見。

可是太忙的生活約等於惰性的生活，會讓內心枯萎得很快。正如《西藏生死書》裡講的，惰性分為東方的惰性和西方的惰性。東方的惰性在印度表現得最為淋漓盡致，整天懶洋洋地晒太陽，無所事事，逃避任何工作或有用的活動，茶喝個沒完沒了，聽電影歌曲，收音機開得震天響，和朋友瞎聊；西方的惰性則是一輩子都忙得身不由己，沒有時間面對真正的問題。每天的時間都被電話和瑣碎計劃等許多「責任」占滿，也許稱為「不負責任」比較妥當。

你來人間一趟，不要行色匆匆，吃好喝好尊重人性中的原始快樂，要玩要樂讓生活勞逸結合，親近大自然讓自己變得純粹，學習小孩子讓自己貼近純真。

我們內心要永遠常駐一個霸道總裁，在我們疏於照顧自己的身心時，霸道地帶你從煩亂中抽身煩亂，甜寵地對你說，你給我好好照顧自己，我不准你枯萎得太快。

06

做人開心的底層邏輯是做事專心

不專心是一種高耗能的活法，

在身累的基礎上，偏要給自己徵收心累的附加稅，

在體力活和腦力活的基礎上，

非要給自己綁上情緒活和心力活的負重沙袋。

電視劇有句靈魂口頭禪：做人嘛，最重要的就是開心。

可是當我開始獨自面對社會，和生活的刀光劍影交手幾個回合之後，越來越發現，「開心是一天，不開心也是一天」這類選擇題早已升級難度，從選 A 還是選 B 變成了需要你自行構建回答的問答題。

成年人所謂「開心的一天」，需要基礎和支柱，在我看來，做人要開心的底層邏輯就是做事要專心。

作為一個成年人，我們都有該做的事情，要履行義務，承擔責任；而作為一個人，我們都有想做的事情，要放鬆精神，享受生活。

如果我們在做該做的事時進入心流狀態，在做想做的事時，接近正念境界這是我心中的高品質人類範本。

但絕大多數人做不到。

複習重要的考試前，緊湊的學習節奏被「考不好我就死定了」的念頭分割成若干段。工作臨近截止日期，忙碌的項目進程被「改那麼久不會用第一版吧」的不祥預感，讓自己陷入邊焦灼邊拖延的境地。

好不容易有個假期，原定的休閒時光被「同齡人拋棄你連招呼都不打」的標題擾亂。終於有空陪伴孩子，快樂的親子時間被「現在輕鬆的雙減政策和未來殘酷的高中錄取率」的矛盾逼退。

該學習、工作時，做不到集中注意力，心無旁騖地專心做一件事。

該玩樂、放鬆時，做不到心無雜念，全神貫注地專心享受當下。

不專心是一種高耗能的活法，在身累的基礎上，偏要給自己徵收心累的附加稅，在體力活和腦力活的基礎上，非要給自己綁上情緒活和心力活的負重沙袋。

為什麼專心這麼困難，分心卻那麼容易？

一是內在易分心，這是人類的出廠設置，古人必須高度注意周邊環境，從聲響到氣味，都得時刻警惕，那種對外界有鈍感力的人，易遭攻擊，性命難保。所以現在我們明明很忙，但還是克制不住看熱搜瞭解世界大事，看交友圈瞭解身邊小事，未必是為了談資，為了娛樂，更可能是響應基因的召喚。

二是外在誘惑多，這是科技的近代產物，手機讓我們能夠隨時隨地聯繫和被聯繫。主管交代工作，在群裡提醒了我一下；同事找我幫忙，給我發了則訊息；同學找我閒聊，給我打了個電話；父母想我了，給我發起視訊請求……各種軟體、遊戲、活動為了吸引我

的眼球，人力和演算法齊齊上陣，紅點提醒和紅包派發多措並舉，在眼球經濟時代，我的眼球已經不夠用了。

我絕大多數的煩惱來自自己的事做不好，別人的事瞎操心，閒下來也難放鬆。該做的事情沒做完、沒做好，以我的心理素質和抗壓能力，接下來就算想做已久，也無法樂在其中。

我對自己的高品質版是這麼設計的：

對於該做的事，奔著心流去。

心理學家米哈里·契克森米哈伊給「心流」下的定義是：一種將個體注意力完全投注在某活動上的感覺，心流產生時會有高度的興奮及充實感，主觀的時間感發生改變，讓人感覺不到時間的流逝。

我們工作時，時不時看下電子郵件，動不動看下手機訊息，據說這樣會「心智殘疾」。實驗證實，在神經元之間產生連接的髓磷脂，會因大腦習慣隨時分心而下降，大腦連接力也隨之下降。

好在我寫作時容易進入心流狀態，我家住在頂樓，很多人不喜歡頂樓的房子，但當初看房時，看見閣樓，我耳邊立馬傳來「帶貨一哥」李佳琦「買它」的魔音。

我在閣樓上只放了書桌和電腦，每次上樓寫作或看書時，把手機放在樓下，減少外在誘惑，助我進入深度寫作狀態，看過很多好書的我當然知道自己的水準，但我依然欣喜地看到自己想出或寫出觸發自己當下認知邊界的觀點。

心理學家榮格有一個小閣樓，他把它叫做榮格的塔樓，是他工作的地方，不允許別人進入，塔樓不通電也沒有燈，榮格只在白天工作，一般進去深入思考和寫作兩小時後，出來冥想或散步。

在進入心流狀態之前，需要刻意準備一些儀式，福爾摩斯辦案之前要披上風衣，貝多芬創作前要數六十顆咖啡豆，西蒙·波娃寫作前要喝一杯茶。

J.K. 羅琳寫《哈利波特：死神的聖物》時，很多人找她，家中有孩子，她無法深入故事邏輯中，就找了當地最好的城堡酒店，在那裡專心寫作。

即便你沒有像榮格一樣的塔樓，沒有像賈伯斯一樣的禪室，不能像 J.K. 羅琳一樣去城堡酒店，依然可以把手機調成靜音，放在三公尺外，鄭重其事地告訴家人自己要閉關做事了，關鍵是在心裡告訴自己：接下來的時光，靜下心來專心做某事。

對於想做的事，朝著正念去。

我很嫌棄自己的一點就是，明明做完該做的事，在做想做的事時，還會心不在焉。如果說「生活在別處」有點令人心動，「感覺在別處」真的讓人心煩。

看文章、看影片時，覺得比自己優秀的人比自己還努力，自己不配休息。

看電視、看電影時，腦子裡還繃著根弦，邊看邊想選題，要一舉兩得。

去按摩、去做 SPA 時，身心無法完全放鬆，師傅等會說我哪裡虛讓我辦卡，想到就心煩。

陪家人、陪孩子時，容易恍神，有靈感就想記錄下來，由一個觀點想出一篇文章。

吃美食、品大餐時，為了美食聖地排了很長時間的隊，吃時卻反芻有人插隊的不爽。

每到這時候，我感慨自己道行太淺，平時忙歸忙，身體閒下來，心也閒不住。

　　《西藏生死書》裡說：「我們的心是美妙的，但很可能是自己最大的敵人，給我們添了很多麻煩。我希望心能像一副假牙，我們可以自行決定帶走或是留在昨夜床旁的桌子上，至少可以暫停它無聊煩人的妄為，讓我們得到休息。」

　　心組成的詞有很多，開心、專心、放心、分心、煩心、憂心、糟心……我為什麼經常巧妙地避開正面答案？

　　對想做的事，珍惜當下，把自己投身於此情此景中，充分打開自己的感官體驗，提高正心正念的覺知。

　　感受人，以及人與人之間關係的流動；感受藝術，以及自己與藝術之間情感的碰撞；感受美食，以及美食和味蕾之間接觸的風情。

　　即便對避之不及的事，專心體會當下也會給後續埋下彩蛋。

　　小時候喝中藥，父母讓我捏著鼻子閉著氣喝，心裡想著喝完馬上就能吃糖，而我一口氣喝完，馬上塞入糖果，結果糖也染上藥味，味道又怪又苦。

　　後來發現喝完中藥，等上一會兒，苦味消散後再吃糖，除了糖本身的甜味，還有之前苦味的襯托，糖會釋放出無與倫比的甜。

　　我琢磨過一個問題，演員藝術家為什麼普遍老得慢，有人覺得是天生麗質加後天保養，但我還想到另一個角度，就是專心。

　　演員的必修課需要仔細體會當下，無論多好、多壞的事發生在自己身上，除了本能的情緒，還有一個聲音告訴他們要記住這一刻的感覺，以後表演可能要用。所以好演員善於觀察和體悟生活，極致地體驗情緒的每個層次，演戲時也專心入戲，我覺得這會讓他們老得更慢。

正念可以透過自我暗示、儀式感、刻意練習來促成。

我在看小說、看電影之前，勸自己盡量沉醉其中，筆記、選題、靈感是沉醉之後有沉澱的衍生行為，不要本末倒置。

我在品美食、看風景之前，勸自己好不容易花時間、花精力而來，亂我心緒者盡量拋諸腦後，美食和美景不可辜負。

我在陪孩子、陪家人之前，會穿上地板襪，思緒神遊，透過腳感受地面，把天馬行空的思緒在現實中找個附著物。

說到附著物，這也是近年來我越來越喜歡手帳的原因，胡思亂想時，拿出手帳，寫下所想所感，這個固定器，讓我不至於被頭腦中的資訊流沖得太遠，我通常開頭寫所想所感，結尾寫解決措施。合上手帳，更傾向於做，在我心中，做是想的更高級。

把該做的交給心流，想做的交給正念，剩下的無所事事好時光，想幹麼幹麼，愛怎樣就怎樣。

人嘛，是珠玉就打磨，是瓦礫就快樂。

準確來說，生而為人，每個人有義務專心打磨自己，也有權利放心愉悅自己。

07

為什麼有些人二十多歲時平平無奇，
三十多歲卻熠熠生輝

每天做點現實之外的事，聽點現實之外的話，
形成新的幫手，讓自己在洪流中多一根自己可以抓住的繩索。

多少人翻開相冊，看看二十多歲的自己，再看看三十多歲的自己，發現三十多歲完勝二十多歲。有句祝福是「祝你永遠十八歲」，簡直比驚悚片還嚇人。

我從二十多歲起，一直是好習慣的星探，花時間、花精力、花金錢，挖掘並培養投資回報率高的好習慣。經過篩選和權衡，今天分享六個「使人每天進步的好習慣」。

一、試試不痛快活法的相反數

有個讀者看到我曾經的一篇文章〈既然刀子嘴，何必豆腐心〉，找我傾訴，說自己是個刀子嘴豆腐心的人，尤其是對待感情。

有一次和男朋友吵架，指責男朋友不夠關心她，她男朋友一直

302

跟她爭辯，吵著吵著，她突然心灰意冷：她希望男朋友多愛自己一點，男朋友只是在爭論對錯。讀者問我怎麼辦，我當時給的建議是，如果認為自己的刀子嘴豆腐心讓自己痛苦，不如試試「刀子嘴豆腐心」的相反數——嘴甜心硬。

比如，不要整天等著男朋友的訊息，自己找事做，如果他好久才聯繫你，就試著等自己的事做完了再回覆；如果他問「在幹麼」，就回答他「在想你」。因為毒舌感到痛苦，那就試試嘴甜；因為他律感到痛苦，那就試試自律；因為戀愛腦而痛苦，那就試試事業腦。反正不要一成不變地痛苦著。

二、把一天活成繽紛的「三明治」

「三明治」的一天就是，早上為自己制訂計劃，花一天去實現，讓這一天花樣紛呈，滿載而歸，晚上回來總結。我用日程本計劃一天的待辦事項，已經形成肌肉記憶，我的四象限，不是按照緊急重要來分，而是根據內容分區，分為工作、愛好、學習、身體。後來我漸漸意識到自己的一天，差了三明治下面的兜底，我常常忽略了晚上的總結，失去了日拋一天壞情緒，讓自己倍速進步的良機。

我學到一個妙招，拿工作來舉例。每天把工作分為三類：不必要的工作，標記為紅色；必要的工作，標記為黃色；事半功倍的工作，標記為綠色。在總結時，不要看著流水帳，覺得自己辛苦了，塗上不同的顏色，更加一目瞭然地知道問題所在和改進方向。工作、學習、生活等方方面面，其實都存在很多沒意義、沒價值、低效能的事。而我們時間精力有限，盡力用巧思和巧力把紅色和黃色轉化為綠色。

三、讓嘴巴攔截負面詞

我在書上看到一種觀點，自嘲是自信和幽默的表現。但我漸漸意識到，做人還是別自嘲的好，那些身居高位的人物或萬人矚目的明星，自嘲兩句，是平易近人，是拉近距離。但我們這種普通人的自嘲，沒有成績和作品打底，別人很可能會信以為真，認為你是廢柴。

更可怕的是，你的嘴巴也告訴你的思想，讓思想也認為你是廢柴。盡量別自嘲，別自貶，讓負面詞少從嘴裡說出。

來兩組示範。問：這麼近你還開車啊？別說我懶，而要說我想早點到。問：你怎麼把這件事給忘了？別說我記性不好，而要說要不這樣吧，後面追加兩三條解決辦法。負面詞減少，負面情緒和認知也會減少，生活和心情更能往正向發展。

四、對自己的選擇責無旁貸

聽父母的話，選擇了沒感覺的對象，婚姻不幸福，就怪父母。聽了朋友的推薦，投資被套牢，就怪朋友。訓練對自己的選擇負起全責。人生終究是自己的，別人提供建議或推薦，但做決定和買單的人，是自己。不能順著別人選對了，就覺得自己真棒；順著別人選錯了，就覺得別人在害你。

拯救曾經面臨嚴重虧損的日立集團的川村隆，他說做人要有「最後一人」的心態。生活中有很多決定，不是每做一個決定，都會有一個有形的儀式感——你看了密密麻麻的條款，知道風險仍然同意。但即便口頭同意，不情願地點頭，不表態地默許，甚至逃避選擇，本質上，你都簽署了一份協議。

五、每天要和現實失陪一會兒

每個人都有被生活洪流衝擊得灰頭土臉的時候，我在這樣的時刻，會讓自己抽離五至三十分鐘。

有一段時間，我開始練字，尤其是心煩意亂且接下來沒有急事的情況下。我拿出字帖，仔細揣摩例字，拆解這個字的結構、重心、軸線、主筆，看清楚從哪裡起筆，到哪個位置停，摸索下筆的輕重緩急，把一筆一畫、一撇一捺寫出筆鋒。每天花點時間，平心靜氣地練習，效果跟冥想、靜坐有一拚，沉心靜氣，減少焦慮，字也在進步著。

有一段時間，每天下班在車上，我一邊閉目養神，一邊聽科幻小說。在工作糾纏和生活瑣事之間，插入一個想像模塊，聽到的都是科技、宇宙、星空、人類、文明等詞，心中的溝壑像素變低，眼界和境界卻得到延展。每天做點現實之外的事，聽點現實之外的話，形成新的幫手，讓自己在洪流中多一根自己可以抓住的繩索。

六、尊重「健康」這個幕後大老闆

《令人心動的 offer》有一期，導師徐靈菱和實習生邊吃飯邊聊天。她說：「我覺得身體真的很重要的，真的前半生拚精力，後半生就是拚體力。因為大家資歷差不多，所以我覺得有一點對你們來說，就是有個健身習慣，那個才是真正自己的東西……你三十歲維護自己的成本，跟四十歲維護自己的成本，是完全不一樣的。」

置頂良好的飲食、運動、作息習慣，因為好的生活方式約等於健康，健康才是幕後大老闆，它影響著生活的方方面面。**人的坍塌是加速的，體魄坍塌了，後續的情緒和精神，分分鐘分崩離析。**

很多人直到身體不能委以重任時，才深刻意識到沒有健康這個

1，後面的 0 再多，也沒有意義。但他們很可能依然好了傷疤忘了疼，健康回來了，又開始作了。

對疼痛永懷敬畏之心。我曾經吃生猛海鮮，得了急性腸胃炎，拉肚子拉到脫水，教訓記了十多年，如今對海鮮或生食都很少碰，即使再好吃。我第一次去洗牙時，身體的高度緊張，牙周的入腦痠痛，吐出的大小結石，讓我回家猛學貝氏刷牙法，落實在每天的一早一晚中。

總之，習慣之所以稱為習慣，基礎是重複。而把自己塑造得更好的方法是在重複中擅長。

08

成年人的內耗，
是從「黏稠思維」開始的

受黏稠思維支配的人，想事情黏黏糊糊，

做事情拖拖拉拉，人與人之間黏到沒有清晰的邊界感，

事與事之間稠到無法就事論事。

網路上曾有人提問：「是什麼造成了人與人的差距？」

推崇的答案就七個字：「思維方式的不同。」

大多數時候，侷限一個人的不是環境，不是能力，而是固有的思維方式。

所謂石牆易毀，心牆難拆。

很早就有人提出，要拆掉思維裡的牆，但思維方式並不總以「牆」的方式存在，也會以「泥沼」的形式存在。

比如，黏稠思維。

什麼叫黏稠思維？就是處理家務事秉持一鍋粥的糨糊邏輯，對待社會關係抱著隨便的糊塗哲學。

在我看來，人與人的內耗差，關鍵取決於思維方式。

受黏稠思維支配的人，想事情黏黏糊糊，做事情拖拖拉拉，人與人之間黏到沒有清晰的邊界感，事與事之間稠到無法就事論事。

一件簡單小事，走過黏稠思維這片泥潭，就變成一件「牽一髮而動全身」、「清官難斷家務事」、「剪不斷理還亂」、「情中有理理中有情」的複雜大事。

於是，事更多，心更亂，人更累，讓身心平添許多內耗。

時間思維黏稠：舊帳一翻，人仰馬翻。

有個週末，我和老公吵了一架。

我倆給孩子洗澡時，他說孩子衣服髒了，他等會用手洗。

我知道他最近腰痛，建議他用洗衣機洗，減少腰肌勞損。

他說手洗衣服不累腰，真正累腰的是洗碗。

我意識到他開始翻舊帳，因為當天我說我洗碗，後來孩子在家太鬧，老公要複習 PMP（國際專案管理師證照）考試，我帶女兒出去玩，回來忘記洗碗，他忍著腰痛把碗洗了。

我也開啟翻舊帳模式，指責他沒有保護好腰。「我忘了洗碗你可以提醒我，家裡有掃拖機器人為什麼要親自拖地？我專門煲了排骨湯為什麼不多喝點補鈣？上週去超市為什麼結帳時要拿瓶碳酸飲料？還有，上個月口腔潰瘍，為什麼還要吃香喝辣？去年體檢異常，為什麼就是管不住嘴？」

我以時間為軸線，從不保護腰椎，延伸到不善待身體。

舊帳一翻，人仰馬翻。

有心理學家對翻舊帳是這麼解釋的：「為什麼兩口子吵架可以從一件雞毛蒜皮的事開始，翻出一輩子的舊帳來？因為所有事都是黏在一起的，當下這件小事根本沒有獨立性。」

　　我的初衷是表達關心，卻把好牌打爛，本來手裡只剩最後一張牌，打出去我就贏了，非得又摸來一個對子，又摸來一個同花順，對手都沒牌了，我還一直出。

　　隨著時間由近及遠，情緒也以小見大。

　　一個負面記憶，召喚出一串負面記憶，忘了他的好，只記得他的壞，讓我瞬間和過去所有不愉快場景中戾氣纏身的自己合為一體。

　　很多人明知翻舊帳的代價，一來對夫妻感情不好，二來對兒女示範不當，三來對自己身體不好，卻依然忍不住翻。

　　據我觀察，很多男人解決問題靠拖延糊弄，很多女人解決問題靠自我安慰，失望累積多了，統一來把「梭哈」。所謂舊帳，對男人來說舊，對女人來說壓根沒過去。

　　對時間思維黏稠的人來說，之所以舊帳過不去，鬱積在心裡，之所以過去的事沒有妥善處理，遇到相似場景就舊事重提，就是因為做不到翻篇。

　　一件事情有開端、發展、高潮，就是沒有結尾。

　　讓過去的事有個結尾，然後該翻篇就翻篇。

　　人要向前看，別去翻舊帳。

　　用聰明有效的辦法，把事有始有終地解決，不愧對曾經，也不埋怨將來。

　　下次遇事時，把事情當獨立事情處理，別雜糅，別串聯，別讓自己迷失在時間的疊影裡。

　　在自己的時鐘上，只有兩個字：現在。

空間思維黏稠：場合不分，到處是坑。

有一個問題很有意思：「你把公司當什麼？」

米未公司把答案分為五種。

第一種把公司當戰場。

為了贏和戰勝別人而工作，這類人的困擾常是「同事總拖我後腿怎麼辦？」、「遇到難纏的客戶怎麼辦？」。

第二種把公司當遊樂場。

為了興趣與喜悅而工作，這類人的問題常是「不喜歡現在的工作怎麼辦？」、「工作太無聊了怎麼辦？」。

第三種把公司當學校。

為了進步和成長而工作，這類人的苦惱常是「在公司得不到成長怎麼辦？」、「學不到新東西怎麼辦？」。

第四種把公司當秀場。

為了展現自我，獲得成就感而工作，這類人的糾結常是「我的功勞怎麼都記在老闆身上？」、「工作沒有成就感怎麼辦？」。

第五種把公司當賣場。

自己付出多少，就要得到多少回報。付出多，拿到少，就吃虧；付出少，拿到多，就賺到。這類人在意「老闆偏心怎麼辦？」。

一千個人眼中，有一千種職場。

但戰場、遊樂場、學校、秀場和賣場這些空間的特性更清晰、鮮明。

透過空間的類比，能清楚認清職場，準確定位自己，找到和自己價值觀匹配的公司，在職場中少走彎路。

而空間思維黏稠的人，容易不分場合，不關注各個空間的異同，不重視各個空間的邊界，不清楚每個空間中自己的最佳打開方式。

在職場找媽，常心懷委屈奔走相告；在家當主管，把職業習性帶回家，在公司受氣，用家庭代償，事業家庭兩相誤。

孩子年幼時，父母房間想進就進，抽屜想開就開；孩子結婚了，婆婆去兒子家，依然以女主人之姿指點江山。

空間思維最好從小培養，做到以下三點：

1. 父母要適當地保持在家裡的權威；

2. 父母要尊重孩子的空間，進孩子房間要敲門，給孩子的抽屜配個鎖；

3. 讓孩子知道，不要隨意侵犯父母的空間。

當我們學會更好地理解空間，做好空間中的自己，尊重空間中的別人，那麼我們會更多自治（self-consistent），更少內耗。

人際思維黏稠：家事升級，讓人內耗。

武志紅在《自我的誕生》一書中，總結了六種家庭關係中的糨糊邏輯。

邏輯 1：我的事也是你的事，你的事也是我的事，我的事是所有人的事，所有人的事都是我的事。

假如你是 A，家裡還有 B、C、D、E 四個人，你會去干涉 B、C、D、E 的事，他們也會操心你的事。

邏輯 2：所有關係都是我的事。

本來你可以有簡單的活法，只處理和你直接相關的關係——AB、AC、AD、AE。

至於 B、C、D、E 之間的關係，你盡量不干涉。

如果你不幸是其中最愛管事、最愛傳話、最愛打聽的人，你會攪進所有關係中，製造出大量問題，吞下吃力不討好的苦果。

邏輯 3：你們＝你，我們＝我。

你家任何一個人讓我不快，你都要負責；你讓我不快，我就找你全家麻煩。

比如，婆媳起衝突，就找老公麻煩。

邏輯 4：把二元關係中的問題歸咎於對方。

大多數人離婚時會怪對方：我過得不好，全是因為你。

邏輯 5：把二元關係中的問題歸咎於第三方。

丈夫婚後出軌，有些原配沒有首先攻擊丈夫，而是攻擊丈夫的小三。

邏輯 6：繞彎溝通。

A 對 B 不滿，卻不直接跟 B 說，而是説給 C 聽，讓 C 轉達給 B。

之所以繞彎，是因為在二元關係中表達不滿會造成張力過大，自己也容易產生無能感和羞恥感，不直說似乎就不用負責。

以上這六種糨糊邏輯，體現了家人間互相纏繞，缺乏清晰分寸，不能區分「我是我，你是你」，從而導致家庭混亂。

和睦相處時是濃得化不開的粥，有矛盾時小矛盾升級成大矛盾。

人際思維黏稠的人，容易把事情的焦點從個體身上升級，不聚焦在我和你的二元關係上，而是把事情編織進複雜的關係中，弄得越來越複雜。

別把簡單問題複雜化，別把單線程的事情多線程化，別把二元關係多元化，一家人也要分清你和我，學會課題分離。

讓人際關係清爽，就是讓自己輕鬆。

有句話叫「你有什麼思維方式，就有什麼命」。

我們每個人，都以各自的理解和經歷，構建自己的思維方式，然後再用這個思維方式和世界相處。

我們塑造了思維方式，更被思維方式塑造著。

什麼思維什麼命，有多黏稠有多愁。

擺脫時間思維黏稠，多向前看，少翻舊帳。

擺脫空間思維黏稠，認清場合，做好自洽。

擺脫人際思維黏稠，直接溝通，課題分離。

低段位的人改變結果，中段位的人改變原因，而高段位的人改變思維方式。

電影《黑天鵝》裡有句話：「擋在你面前的人，只有你自己。」

如果你因為黏稠思維的存在，經常出現時間混亂、空間模糊、人際纏繞的問題，造成事更多、心更亂、人更累的內耗，那麼請你果斷打開「思維轉換」的開關。

思維有多黏稠，日子就有多發愁。

思維有多清爽，人生就有多美滿。

09

所謂「活得通透」，
就是叫醒不肯清醒的自己

別去和趨勢鬥，和人性鬥，而是和內耗鬥，和拖延鬥，

暢快通透，減少內耗，美好的一切才會發生。

你不肯清醒，看再多新聞都沒用

有一天在網路看到一條同城熱搜「東芝大連通知停產」。真是發生在身邊的熱搜，我的好朋友畢業後進入東芝電視，她和她老公在那裡工作、認識、戀愛、結婚、生子。

前幾年，她跳槽，我問過辭職原因，她說以前公司業務蒸蒸日上，後來業績下滑，從經手的工作中就知道。從電視新聞中她知道不少外資企業受到國內勞動力成本上漲的影響，計劃把部分製造業遷到東南亞。加上國產電器品牌的崛起，日本電器市場占有率逐年減少。

她決定辭職，另謀出路，在新公司站穩腳跟後，還勸老公保持清醒，認清局勢，不然年紀大了更加被動。沒過幾年，她老公也辭

職了，現在在另外一家企業做得挺好。

中年人面臨大齡失業，讓人心情沉重，也給人敲響警鐘。很多局內人早已看到行業趨勢，但是大部分人不願清醒，不想面對，心存僥倖。瘦死的駱駝不比馬大嗎？日子再差又能差到哪去？年紀老大不小折騰什麼？

困在舒適圈裡畫地為牢，等到既在意料之中又在意料之外的噩耗降臨時，無處可去，無計可施，生硬著陸，陷入困境。

多年前，我在深圳認識一位外貿人，在一家做 VCD/DVD 外貿的公司工作。閒聊中，他說 VCD 已經淡出人們的生活了，越是從事夕陽行業，越要保持清醒。

當年他認為這門生意還有個兩三年的光景。一是國內同行轉行讓競爭銳減；二是中東等地區還有需求量。我記得他說「要精進英語、第二外語、外貿物流業務，業餘研究電子元件，爭取將來軟著陸」。

某個行業被唱衰，不意味著馬上轉行，但自己至少要有適度的危機感，培養可遷移能力，不要盲目擴張消費，給自己準備好 Plan B。

你不肯清醒，外界釋放信號都沒用

有一天我在咖啡廳寫作，休息期間，聽到身邊兩位女士的聊天。

懷孕女子說：「我家最近在看 ×× 學校的老破小學區房，價格穩定，準備入手，全家早就省吃儉用，就想給孩子好的教育，等孩子上完學，學區房一賣，還能賺一筆。」

成熟女士說：「別心急，先觀望，很多城市開始教師輪崗，多校劃片，電腦選號，買了學區房未必能讀上好學校，遇上好老師。」

懷孕女子說：「別天真了，哪個家長不想讓孩子上好學校，就

衝這點，學區房就是強勢貨幣。」

成熟女士說：「你才天真，教育公平和提高生育意願，這才是大勢，跟大勢鬥，吃虧沒夠。」

這段對話，讓我想到專欄作家連岳的答讀者問。讀者老公從事教育地產行業，隨著中國出臺教育新政，對於學科教育培訓，暑假不讓開課；對於素質教育培訓，也有一些限制，行業龍頭股價遭腰斬。她老公扎根很久，不甘離職，堅信教培行業有市場需要。

連岳說：「努力和堅韌都是好品質，但前提是不能有錯，如果已經在坑裡，越努力越堅韌，坑就挖得越深。教育將回到常態，孩子有充足的時間鍛鍊休息，校外教育培訓的市場大為收縮，賭政策會變，將精力放在走灰色地帶，和政府捉迷藏，大方向就錯了。」

在做重要決定時，要保持清醒，先判斷大方向，不違反公共秩序和善良風俗，不違反法律政策，才不會在情緒和執念中迷失。而有些不肯清醒的人嘗到甜頭後形成慣性和執念，明明是一條路走到黑，還被自己的堅持感動不已。

既定成本投入越多，越是滋長體內的賭性，不相信無常是常，不相信見好就收。對現實發出的預警視而不見、充耳不聞，瘋狂起來還要加槓桿，最後可能把憑運氣賺來的錢，憑實力虧掉。

你不肯清醒，別人怎麼勸都沒用

人容易對別人的不清醒，見微知著；對自己的不清醒，卻見著了都不知微。

近幾年，當我把書稿給編輯看，或是當有品牌想合作，他們會問：有影音社群平臺嗎？其實背後的潛臺詞是，別只做寫作者了，

試試短影片吧。

　　頭部出版社的某位編輯，有一次聊天告訴我，媒體形式兩三年就換一波，早幾年前，他們喜歡簽社群平臺的作者，現在更願簽影音社群平臺作者，沒辦法，傳統出版越來越難，短影片的帶貨能力更厲害。

　　其實很早以前，我的編輯就鼓勵我做影片，我不想嘗試，覺得用心寫好文章就夠了。我不想出鏡，不想做影片，不想焦慮追逐風口，為了不做，我有一千零一種方式勸退自己。我還振振有詞，那玩意兒，多浮躁啊。

　　有一次看到鄧紫棋的採訪，她說嘗試拍 Vlog，只是希望有更多人認識我，從而喜歡我的歌。我打破偏見，沒事就看看讀書的短影片，有厲害的大作家親自推薦自己的新書，有大學生講述自己的書單。我開始正視內心深處的聲音：我喜歡寫作，喜歡看書，我也希望自己的書被更多人看到。

　　但我是個不慌不忙的準備者，需要有規劃地提升影片表達和影片形象。當自己看了好書時，有時間就嘗試用短影片的形式，聊聊書籍。透過嘗試，我品出樂趣，影音讀書節目適合時間緊缺的人們，讓大家更直接、更鮮活地感受讀書的魅力。

　　自己不肯清醒，蒙著眼，捂著耳，一切都在改變，舒適圈裡越來越不舒適。很多時候，清醒要趁早，主動清醒比被動清醒舒服一些。清醒的人，想叫醒那個裝睡的自己。

　　現在人們希望「人間清醒」，但最難的也是「人間清醒」。

　　心理學上有個「五段論」，出自瑞士裔美國人伊莉莎白·庫伯勒－羅絲：在面對悲傷變故時，人們要依次經歷否認、憤怒、討價還價、憂鬱和接受這五個階段。

不肯清醒的人就是一直在前四個階段往返內耗，像鬼打牆般出不來。不肯接受，不肯面對，不肯行動，讓自己接受一波又一波次生災害。

　　我們大部分人的人生，無非就是感情、工作、人際關係那些事。下面是我的清醒套裝，是我跟自己周旋已久總結出的。

　　感情清醒四件套：

　　1. 雙向奔赴的感情讓一切變容易。

　　2. 不要為一個睡得很好的人失眠。

　　3. 強扭的瓜不甜，長痛不如短痛。

　　4. 不管有無人愛，自己加倍精彩。

　　工作清醒四件套：

　　1. 留意趨勢走向，戰略性擴大舒適圈。

　　2. 花無百日紅，消費上不要未富先奢。

　　3. 凡事有起落興衰，多學手藝留一手。

　　4. 過去幾年造就現在，現在決定未來幾年。

　　人際清醒四件套：

　　1. 與其被人際關係弄得心神不寧，不如沉下心來厚積薄發。

　　2. 你越弱壞人越多，你越強幫手越多。

　　3. 別看不慣這個環境，又受不了那個人。改變別人難，改變自己易。

　　4. 常與同好爭高下，不與傻瓜論短長。

　　清醒是個技術活，願你清醒，但又不要過分清醒到看清生活真相就不愛生活的地步。別去和趨勢鬥，和人性鬥，而是和內耗鬥，和拖延鬥，暢快通透，減少內耗，美好的一切才會發生。

好好愛自己，
不只是對的生活方式，
更是對的情緒模式。

人生顧問 466

低內耗的人，更輕盈

作者　　　梁爽
責任編輯　沈敬家
校對　　　劉素芬
封面設計　江麗姿
內頁排版　江麗姿

總編輯　　龔橞甄
董事長　　趙政岷
出版者　　時報文化出版企業股份有限公司
　　　　　108019 臺北市和平西路三段二四○號四樓
　　　　　發行專線　02-2306-6842
　　　　　讀者服務專線　0800-231-705・02-2304-7103
　　　　　讀者服務傳眞　02-2304-6858
　　　　　郵撥 19344724　時報文化出版公司
　　　　　信箱 10899　臺北華江橋郵局第 99 信箱
時報悅讀網　www.readingtimes.com.tw
法律顧問　理律法律事務所陳長文律師、李念祖律師
印刷　　　家佑印刷有限公司
初版一刷　2022 年 12 月 2 日
初版八刷　2024 年 5 月 22 日
定價　　　380 元

原書名：《糟糕，今天內耗又超標》
作者：梁爽
本書繁體版四川一覽文化傳播廣告有限公司代理，經中南博集天卷文化傳媒有
限公司授權時報文化出版企業股份有限公司出版。

低內耗的人，更輕盈 / 梁爽著 . -- 初版 . -- 臺北市：
時報文化出版企業股份有限公司，2022.12
面；　公分 . -- (人生顧問；466)

　ISBN 978-626-353-170-3(平裝)
　1.CST: 自我實現 2.CST: 生活指導

　177.2　　　　　　　　　　　　　111018066

ISBN 978-626-353-170-3
Printed in Taiwan